JN115240

にいがたアントレプレナー学

伊藤龍史
新潟大学 経済科学部 准教授

まえがき

「新潟にスタートアップエコシステムを創りたい」「新潟を革新性あふれる場にしたい」「新潟に挑戦環境を創りたい」

新潟には、こうした想いをもつ人々が大勢います。この想いをもって活動している組織がいくつもあります。ここ数年、各者が独自に進めてきた小さな営みが徐々に有機的な繋《つな》がりをもつようになり、大きなうねりが現れつつあります。

筆者は２００９年に新潟大学へ着任して以来、「新潟において優れたスタートアップエコシステムが出現し持続するために、研究・教育を行う立場として何をすべきか」ということを考えながら、さまざまな活動を展開してきました。

たとえば、シリコンバレーにあるサンノゼ州立大学での在外研究、アントレプレナーシップとサービス関連分野における個人研究、学部ゼミでのアントレプレナーシップ教育、境界横断的な「ベンチャリング・ラボ」の立ち上げ、マーケティングや経営戦略をテーマとした県内企業とのコラボレーション、県内におけるスタートアップ関連の各種セミナーやイベントなどへの協力、起業・創業関連の組織への関与など、多岐にわたります。

こうした活動を通じて筆者は、「新潟のスタートアップエコシステムが出現し持続するための重要なポイントは、関係各者が共通したサーチライトを持つことにある」と考えるようになりました。新潟にスタートアップエコシステムを創り出すという壮大な挑戦が、完全な「暗中模索」とならないようにする必要があります。新潟にスタートアップエコシステムを「出現」させるためには、関連する多様な主体が自律性を保持しながら、絶妙な連携を行うことが鍵となります。また、新潟のエコシステムを「持続」させるためには、エコシステムがなぜ機能しているのかに関する理解が不可欠です。本書はそのための一助となることを目指しています。

本書は、スタートアップエコシステムの単なる手引書やクックブックではありません。必要な要素を単に一覧にしたチェックリストでもありません。本書が目指すのは、新潟にスタートアップエコシステムを出現させ持続させるための「設計思想を議論するための手がかり」を提供することです。筆者はこれらをまとめて「サーチライト」と呼んでいます。本書内では、本文だけでなく脚注部分においても、できる限り豊富な情報を載せるよう心がけています。

本書は、新潟のスタートアップエコシステムに関わるあらゆる方々をターゲットとしています。本書の内容が、そうした方々による「新潟のスタートアップエコシステムの出現と維持」の議論にあたって、一つのサーチライトを提供することに繋がれば、筆者として望外の喜びです。

目次

第1章　アントレプレナーシップへの注目

何でも作ることのできる夢の町、それが燕三条だと思っていました。しかし、自分の作りたいものを形にしようと紹介に紹介を重ねて訪問した工場も門前払い。何を作りたいのかを伝える前から「図面がないなら話にならん」「うちはそんな数やれないよ」「実家が工場なら実家で作れ」など、ものを作ることの大変さを痛感しました。

ものづくりの町なのに、ものづくりしにくい。その後もたびたび似たような話を耳にする中で、いつしか「この環境をどうにかしたい。この環境が変わったら、もっとさまざまな人たちがものづくりを楽しいと思うんじゃないか？」と感じるようになり、起業の決意を固めました。

私が目指すのは、次世代の製造業を通じて世界のものづくりに進化をもたらすこと。そのためには、ものづくりが本来もっている魅力や可能性を、しっかりと次世代にとっての価値として届けていかなければならない。そんな想いから、「モノにエンターテイメントを」という言葉を掲げ、ＭＧＮＥＴ（マグネット）を起業しました。この言葉は、起業当初から今でも大切なコーポレートメッセージとなっています。

武田 修美（株式会社ＭＧＮＥＴ・代表取締役）

アントレプレナーシップとアントレプレナー

10年ほど前から、日本におけるアントレプレナーシップの重要性に注目が集まってきています。社会におけるさまざまな問題を掘り起こし、新しい視点をもって優れた解決策を創り出し、人々に多様な豊かさと活気をもたらすものとして、アントレプレナーシップへの期待が高まっています。

アントレプレナーシップ（Entrepreneurship）とは、広く捉えると「自ら設定した『問うべき問題』に向き合い、内外の多様な知識を共有・統合しながら、自律的・主体的に高価値の解決策を探索し実現していこうとするスタンス」のことです。こうしたスタンスをもって事を成した人のことを「アントレプレナー」と呼びます。

もう少し細かく見ていきましょう。アントレプレナーシップの訳語としては、ビジネスを新たに創り出したりさまざまな組織づくりを行うという意味での「起業家精神」や、この「起業家精神」により広範な場においてイノベーションを発生させるという意味までもたせた「企業家精神」があてられます。[1] ただし、アントレプレナーシップは精神論というよりもむしろ「在り方」を考えるものです。そのため、より適切な訳をつけるならば「起業家の在り方」や「企業家の在り方」となるでしょう。さらに言えば、教育・訓練・取り巻く環境・固有の原体験などを通じて、誰しもがアントレプレナーシップをもつ可能性を秘めています。そのため「起業家としての在り方」や「企業家としての在り方」と訳すほうがしっくりくるかもしれません。この「起（企）業家としての在り方」を追求し、ビジネスの創出・組織づくり・イノベーションの発生などのインパクトを世の中にもたらした人々がアントレプレナーです。

スタートアップエコシステム

さて近年、このアントレプレナーシップの習得やアントレプレナーの誕生が、世界中でますます求められるようになっています。アントレプレナーを生み出す生態系である「スタートアップエコシステム（Startup Ecosystem or Entrepreneurial Ecosystem）を形成しようという動きが、世界中で活発になりつつあります。世界の代表的なスタートアップエコシステムはシリコンバレーです。[2]シリコンバレーはアメリカのカリフォルニア州北部にあり、スタンフォード大学を中心とした半径およそ50キロメートルの地域の通称です。他の捉え方もあります。シリコンバレーは「ここからここまでがシリコンバレー」といった地理的な境界線を引くような捉え方ではなく、車で1時間走れば会いたい誰かに会える地域として説明されることもあります。シリコンバレーでは、主にＩＴ（Information Technology：情報技術）系のアントレプレナーが次々と育成・輩出されるエコシステムが形成されています。アントレプレナーシップの習得やアントレプレナーの誕生がますます重要視されつつある中で、いわば「発生装置」であるスタートアップエコシステムを創ろう（たとえば「○○版シリコンバレーを創ろう！」）という挑戦が、世界各地で起こっています。[3]

こうした挑戦は、日本各地においても見られます。[4] スタートアップエコシステムは「エコシステム」、つまり「生態系」の一種であるため、これを創り上げるためには、人・知識・情報・資金などの循環や増大、多様な主体同士のネットワークや相互作用、エコシステム全体の適応力の保持など、さまざまな条件をクリアーしなければなりません。ただし、ある場所にスタートアップエコシステムが生まれる背景や経路はそれぞれ異なるものであるため、エコシステムの「正しい作り方」や「（これを使えば出来上がるという意味での）お決まりのツールキット」があるわけではありません。しかし、多くのスタートアップエコシステムに共通する象徴的な要素がいくつかあるということもまた事実です。そのうちの一つとして、スタートアップエコシステムの鍵となる主体（たとえば、アントレプレナーの卵、成功したアントレプレナー、革新性を追求する企業、支援者、大学など）が行き交う「スタートアップ支援拠点」の存在が挙げられます。たとえば、東京都渋谷区にはSHIBUYA QWS（キューズ）、福岡県福岡市にはFukuoka Growth Next、宮城県女川町には女川フューチャーセンターCamassといったスタートアップ支援拠点（SHIBUYA QWSの場合は産業支援施設）があります。こうした場では、それぞれが独自の創意工夫を凝らしてエコシステムの心臓部になろうとしています。

新潟におけるスタートアップエコシステムづくり

本書『にいがたアントレプレナー学』では、書名の通り「新潟」の事例を取り上げます。新潟県では2019年より、花角英世知事のリーダーシップのもとで県内各所に「民間スタートアップ拠点」の設置を進めています。新潟市にはSN@P（運営：株式会社スナップ新潟）、燕市にはFACTORY FRONT（運営：株式会社MGNET）、十日町市にはasto（運営：有限会社瀧長商店）、佐渡市にはtaneCREATIVE（運営：taneCREATIVE株式会社）といった民間スタートアップ拠点が設置され、各所で起業支援を進めるだけでなく、拠点間で有機的な起業支援ネットワークも形成されています。県内のスタートアップ拠点間だけでなく、東京のSHIBUYA QWSをはじめとした県外の産業支援施設やスタートアップ支援拠点との間でも連携を図っています。新潟ではこれら四つの県内スタートアップ拠点に加えて、2020年には、新たに4拠点が整備されました。長岡市にはCLIP長岡（運営：新潟県起業支援センター）、上越市にはFURUSATTO（フルサット）（運営：クラスメソッド株式会社）、新発田市にはHARDOFF Startup Shibata（運営：株式会社ハードオフコーポレーション）、湯沢町にはだんろの家（運営：株式会社エンゼル不動産）と湯沢きら星BASE（運営：きら星株式会社）があります。これらの拠点では、起業希望者などに対し、コワーキングスペースやレンタルオフィスといった起業空間、多様な利用者が交流する場などが提供されています。

筆者は、２００９年に新潟大学経済学部（２０２０年より経済科学部に改組）に着任し、現在に至るまで、主に学部ゼミを中心としてアントレプレナーシップ教育を模索しながら実践しています。２０１２年から２０１３年には約1年間、シリコンバレーにあるサンノゼ州立大学（カリフォルニア州立大学サンノゼ校）で在外研究を行いました。これがゼミにおけるアントレプレナーシップ教育を加速させるきっかけとなりました。２０１９年12月には、ゼミ生以外の学生（他学部生・他大学生・大学院生など）までをも対象とした「ベンチャリング・ラボ」を研究室内に設け、スタートアップエコシステムの鍵となる人々を育成しようとしています。このベンチャリング・ラボからすでに、２０２０年9月現在までに2組のアントレプレナーが輩出されています。伊藤研究室では、これらの民間スタートアップ拠点とも連携をとりながら、さらには企業（県内企業や新潟にゆかりのある企業など）や金融機関、新潟県や新潟市、ベンチャーキャピタル、新潟出身の経営者などとも協力を図りながら、新潟におけるスタートアップエコシステムの構築を目指して活動を続けています。

本書のメッセージと構成

本書で伝えたいメッセージは、筆者がこうしたさまざまな活動を通じて出会った新潟のアントレプレナーたち、およびスタートアップエコシステムを構築しようと各所で取り組みを進めてきた支援者たちから着想を得たものです。

新潟の多様なアントレプレナーたちと接しながら「もし彼ら／彼女らに通底するものがあるとしたらそれは何なのか?」に注意を払ってきました。新潟のすべてのアントレプレナーに必ず共通するものを見出したわけでもありませんし、本書は統計分析やシステマティックな比較事例分析からの推論を披露するような論文調のものでもなく、筆者による「試論」の段階にあるものです。本書の背後にあるのは筆者がフィールドワークを通じて得た「気づき」であり、その気づきをアントレプレナーシップ研究などにおける既存理論に乗せて伝えようということが本書の目的です。

本書では、新潟のスタートアップエコシステムが「理解を伴った形で発生し成長する」ための一助となるべく、筆者がアントレプレナーシップ研究やスタートアップエコシステム研究をサーベイし、その中から新潟のエコシステム形成において指針となり得るような理論をまとめています。

本書の執筆において、筆者がもつ思考の前提は大きく三つあります。すなわち、(1)新潟のアントレプレナーたちはアントレプレナーシップ研究で提案されている「エフェクチュエーション」に近い発想をもっているのではないか、⑵これと関連して新潟の起業環境はアントレプレナーたちが問題解決策を追求するにあたって「ヒューリスティックサーチ」を促す性格をもっているのではないか、さらには⑶新潟がすでにもっている諸要素を見渡してみると、スタートアップエコシステムが創発し得る土壌があるのではないか、ということです。

次章から第6章へと進むにつれて、議論の視点がミクロ（微視的）からマクロ（巨視的）へと移動していきます。第2章ではまず、アントレプレナーではない人（以下では「見込みアントレプレナー」[5]と呼びます）がアントレプレナーになっていく理論について、アントレプレナーの内面に焦点を当てながらを説明します。次に第3章と第4章では、アントレプレナーが機会信念を構築するためのさまざまな方法論について、特にエフェクチュエーションと呼ばれる考え方を中心に整理・紹介します。第5章では、アントレプレナーが高価値の問題解決策を探索していく様子を鳥瞰《ちょうかん》的に捉える理論を説明します。最後に第6章では、最もマクロな視点として、スタートアップエコシステムの構築に関する理論を説明します。

本書のいくつかの箇所で、新潟におけるアントレプレナーや支援者の事例を取り上げます。本書は新潟のそうした方々すべてにインタビューを行ったものではなく、また本書で扱う事例をもって諸理論のすべての側面がカバーされているわけでもありません。しかし、理論と事例の間を行き来しながら読み進めることによって、新潟のアントレプレナーシップ界隈・スタートアップ界隈の動きを理解するためのサーチライトを手にすることができるかもしれません。

第1章　注

1　「アントレプレナー」の訳語に関する興味深いコラムが、次の書籍の17〜18ページにも載っています。
忽那憲治、長谷川博和、高橋徳行、五十嵐伸吾、山田仁一郎（２０１３）『アントレプレナーシップ入門：ベンチャーの創造を学ぶ』有斐閣

2　シリコンバレーのスタートアップエコシステムの形成プロセスに関しては、次の書籍を参照。
磯辺剛彦（２０００）『シリコンバレー創世記：地域産業と大学の共進化』白桃書房

3　スタートアップコミュニティの事例や構築のポイントについては、次の書籍を参照。
Feld, B. (2020). *Startup communities: Building an entrepreneurial ecosystem in your city*. Hoboken: NJ, Wiley.
また、次の書籍でもスタートアップエコシステムについて言及されています。
松田修一（２０１４）『ベンチャー企業（第4版）』日経文庫

4　日本各地にまたがったベンチャーコミュニティとして「インデペンデンツクラブ」があります。「一人でも多くの人と一緒に、1社でも多くの公開会社を育てる」という活動理念のもとで全国でイベントを行っており、新潟でも年に数回開催されています。国内外のベンチャーコミュニティに関しては、機関誌「THE INDEPENDENTS」およびそのコラムをまとめた次の書籍を参照。
秦信行（２０１７）『ベンチャーコミュニティを巡って：起業家と投資家の世界』武蔵野デジタル出版

5　英語で表現すると「prospective entrepreneur」や「would-be entrepreneur」です。

第2章　アントレプレナー的機会

「高専発のITベンチャーなら自分しかいない」と思っていました。エンジニアの仲間もたくさんいるし、たまたま高専からデザイナーになった共同創業者の櫻井もいるし。アプリを創るのにこれほど良いチームを創ることのできる人は、自分以外にいないだろうと考えていました。

また、グリーで働いていた頃に、運よく「グリーをスマートフォンへ展開する」にあたっての最初の担当者になることができました。まだ誰もスマートフォンでビジネスをやろうなんて思っていなかった時代に、それに触れることができたのです。そして、アプリに関するデータを日本で最初に集め始めたのはおそらく自分だろうと思うのですが、そういった意味でも当時「アプリで起業するなら自分しかいない」と思っていました。

新潟での展開も同じです。私は佐渡、妙高、南魚沼、新潟市、それから長岡市と、20歳までに新潟県内のさまざまな場所で暮らしてきました。高専時代に同じ寮で生活をしていた仲間たちは、現在県内のあちこちで活躍をしています。今では、県内ほぼすべての自治体に自分の友人がいる状態です。こうしたことからも、新潟でビジネスを展開するのに自分より適した人はいない、と思っています。

渋谷修太（フラー株式会社・代表取締役会長）

アントレプレナー的機会の種類

アントレプレナーが掴《つか》み得るビジネスチャンスのことを「アントレプレナー的機会(entrepreneurial opportunity)」と呼びます。アントレプレナーたちは全員、何らかのきっかけや原体験を原動力としながら、このアントレプレナー的機会を実際に掴もうとして大きな一歩を踏み出した人々です。もちろん、各アントレプレナーが起業という意思決定に至った背景や経緯はそれぞれ異なるものでしょう。しかし、そこには共通して何らかの決意を伴う判断(judgment)があります。本章では、ある人がアントレプレナーへと変身する様子を捉える理論を説明します。

アントレプレナー的機会にはいくつかの種類があります。これを知るためには、まず需要と供給という考え方について知る必要があります。ここで、製品とサービスを合わせて「オファリング(offering)」と呼ぶこととしましょう。需要とは、オファリングの買い手がさまざまな価格のそれぞれに関してもつ購入意欲の量のことです。一方、供給というのは、オファリングの生産者がさまざまな価格のそれぞれに関してもつ販売意欲の量のことを指します。買い手と生産者がオファリングを取引する場のことを「市場《しじょう》」と言います。

需要と供給という考え方を手がかりとすると、アントレプレナー的機会は次の3種類に分けられます(図表1を参照)。[6]

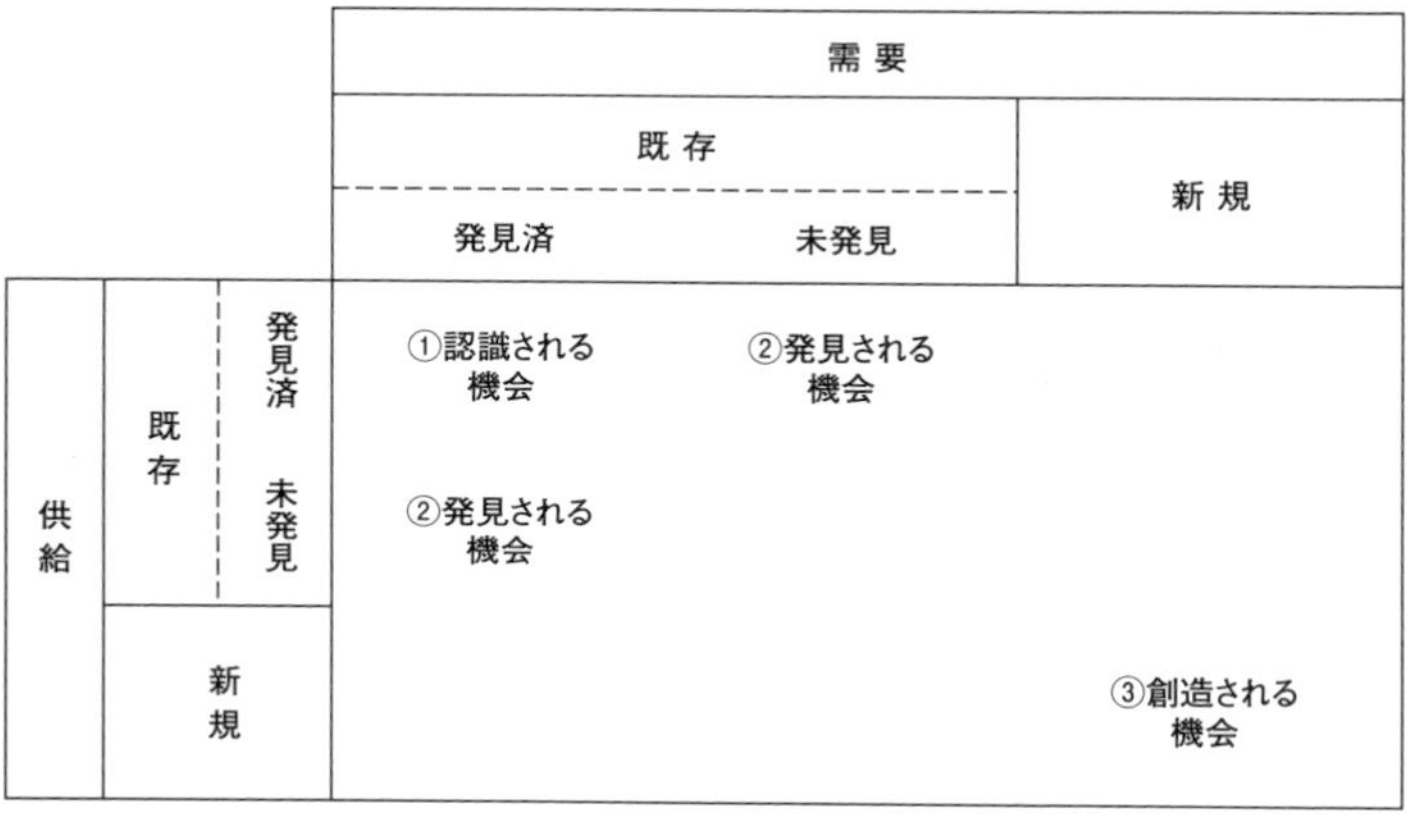

需要			
	既存		新規
	発見済	未発見	
供給 既存 発見済	①認識される機会	②発見される機会	
供給 既存 未発見	②発見される機会		
供給 新規			③創造される機会

図表1：アントレプレナー的機会

①認識される機会（opportunity recognition）
②発見される機会（opportunity discovery）
③創造される機会（opportunity creation）

まず①においては、機会は認識されるものであると捉えられます。需要と供給がどちらも存在している中で、アントレプレナーは自身が認識した需要と供給を結びつけようとします。現在すでにある市場の状況に基づき、既存企業の内部にあるいは新企業をつくることを通じて、自身の認識した需要と供給を出会わせるようなビジネスを展開するのです。

次に②の機会は、需要側または供給側のどちらか一方のみが存在しているときに生じます。需要側が存在している場合には供給側、供給側が存在している場合には需要側というように、存在する側に対応するほうの側が発見されるというタイプの機会です。供給側が発見される場合には、かつてなかったような新しいオファリングが供給されることで、以前から満たされずにいた需要が満たされていきます。需要側が発見される場合には、すでに存在しているオファリングをもって満たされ得る需要を発掘していくということです。どちらの側が発見されるにせよ、既存の市場を探索することに変わりありません。最後の③は、需要も供給も存在していない場合に生じる機会です。新技術や新オファリングを創るだけでなく、それらをもって新市場をも創り出すというものです。

機会信念

このように、アントレプレナー的機会は「種類」という側面からは三つに分けられます。その一方で、アントレプレナー的機会は「性格」という側面からも考えることができます。アントレプレナー的機会の性格に対する見方は二つに分けられます。[7] 一つは、すべての機会は追求されるために存在しているような客観的な環境だという見方です。言い方を換えると、アントレプレナー的機会は市場そのものの内部に形成されるという見方です。もう一つは、アントレプレナー的機会は個人（アントレプレナー）のもつスキルや知識によって形成される、つまり機会はアントレプレナーによって主観的につくられる性格のものだという見方です。

この二つの見方は、どちらが正しくどちらが間違っているというものではありません。なぜなら、アントレプレナーの卵（見込みアントレプレナー）が着想したアイデアは、着想した時点ではまだそれが自分にとってのアントレプレナー的機会であるかどうかは分からないからです。しかし、「これはきっとアントレプレナー的機会だ（たとえば「このアイデアは自分こそが追求すべきものだ」「このアイデアはフィージビリティが高い」など）」と信じれば信じるほど、アイデアの実現へと実際に踏み出そうとします。このような、思いついたアイデアがアントレプレナー的機会であるという（見込みアントレプレナーによる）主観的な理解は「機会信念（opportunity belief）」と呼ばれ、アントレプレナー的アクションの前提条件となります。[8]

アントレプレナー的アクション

見込みアントレプレナーが機会信念を形成してアントレプレナー的アクションへと移行していく様子は、次のように捉えることができます。[9] まず見込みアントレプレナーは、ある機会を「第三者の機会（third-person opportunity）」として知覚します。この段階では、ある機会は誰か他の人が追求するために存在しているような客観的な機会として、見込みアントレプレナーの目に映っています。その後、自身のもつ知識、価値観、動機と照らし合わせたときの、この機会のもつリスク、不確実性、曖昧性などに基づいて、機会信念が形成されていきます。この機会信念は、第三者の機会が主観的な機会であるかどうか、つまり見込みアントレプレナー自身に関わる機会であるかどうか（追求するに値する機会であるかどうか）に関わるものです。このような機会のことを「当人の機会（first-person opportunity）」と呼びます。

このことを、もう少し細かく見ていきましょう。ある人（見込みアントレプレナー）がアントレプレナー的アクションをとるか否か（つまり、ある人がアントレプレナーになるのか非アントレプレナーのままでいるのか）は、その人の不確実性に対する姿勢によって変わってきます。より具体的には、(1)その人の知覚する不確実性が小さいかどうか、および(2)その人が不確実性を進んで負担しようという強い意欲をもっているかどうか、によって変わってきます。(1)に関しては、通常の人々であれば不確実性が高いと感じて起業しようとは思わないけれども、ある人は何らかの「知識」をもつがゆえに不確実性が小さいと感じ、結果としてその人（だけ）は起業に踏み出すというものです。[10] (2)に関しては、ある人は通常の人々と同様に、起業に対して不確実性の高さを感じてはいるものの、その人は他者よりも不確実性を負担しても構わないという意欲を強くもっており、その結果としてその人（だけ）は起業に踏み出すというものです。一言で表せば、ある人がアントレプレナー的アクションをとるかどうかは、その人のもつ(1)知識または(2)意欲のいずれかによって左右されるということです。

アントレプレナー的アクションの誘因：知識

ある人が、不確実性を小さいと知覚させるような知識をもっているがゆえにアントレプレナー的アクションへ踏み出す様子は、図表2のように描かれます。この図表には二つの内部反応曲線が描かれています。内部反応曲線というのは、第三者の機会が存在するということを信じるかどうかという質問に対しての人々の反応をまとめたものです。ある人がこの質問に対して「いいえ」と答える場合には、その人の考え（意思決定）は左側の曲線のどこか一点として表されます。一方、答えが「はい」の場合には、右側の曲線の中のどこかの一点として反映されます。

二つの曲線はそれぞれ、平均値と分布という側面から把握することができます。左の曲線の平均値は、ノイズの入った状態を表しています。ある人が左のような不確実性に対する内部反応曲線をもつ場合、その人はアントレプレナー

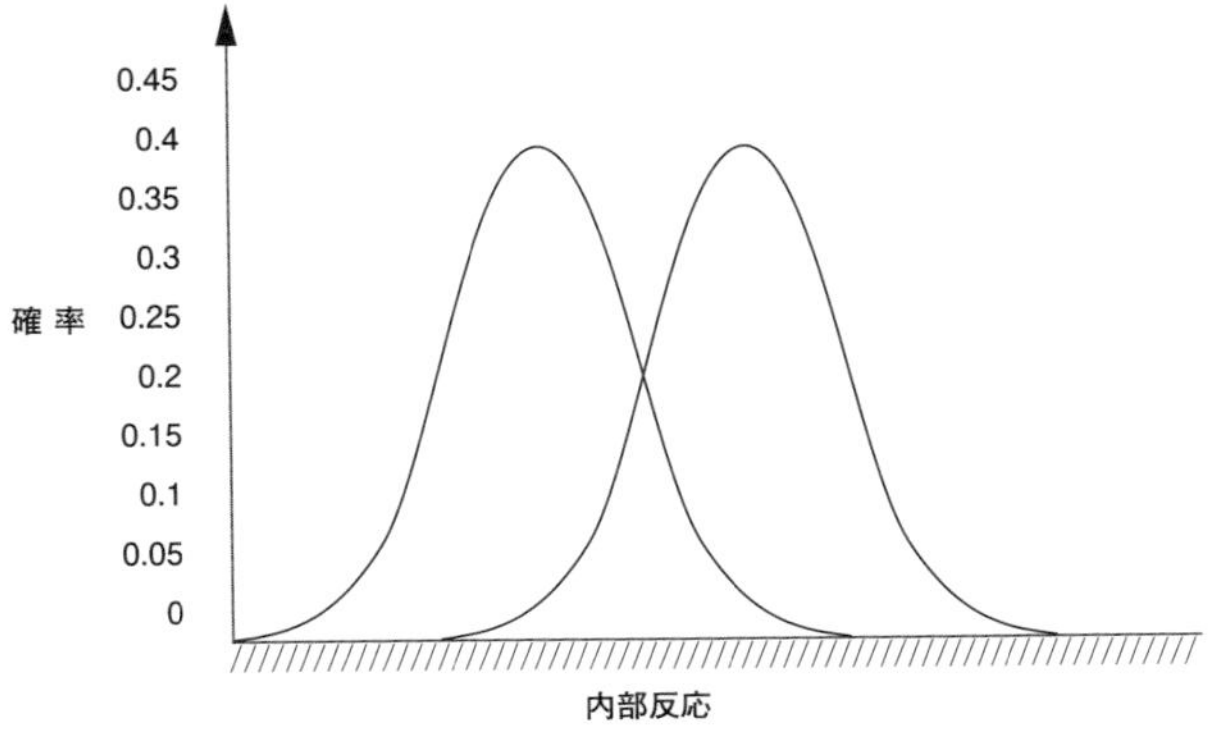

図表2：内部反応曲線[11]

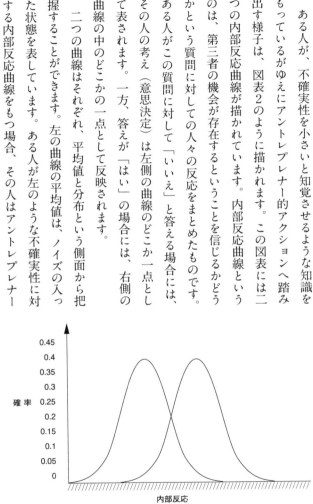

的機会が存在しないと捉えていることになります。

右側の曲線の平均値は、第三者の機会を表しています。第三者の機会はあらゆる人々にとっての機会ではなく、正しい質を伴った個人にとっての機会です。左と右の曲線の平均値同士の距離は、第三者の機会の存在がどの程度見分けられているのかを表しています。距離が長い場合（曲線同士の重なりが小さい場合）、見込みアントレプレナーは、着想したアイデアが魅力ある機会（第三者の機会）であるということを見分けています。距離が短い場合（曲線同士の重なりが大きい場合）には、見込みアントレプレナーは着想したアイデアが魅力的かどうか（第三者の機会であるかどうか）を見分けられていません。こうした平均値間の距離に加えて、それぞれの曲線の分布（裾野の広さ）によって、ある人がアクションを起こすかどうかの意思決定においてどの程度の不確実性を知覚しているかが変わってきます。

アントレプレナーシップ研究では、平均値間の距離についてはどの人も似通っている一方で、分布に関しては個人差があると言われています[12]。第三者の機会を切り出すほどの知識をもっていない人の場合には、二つの曲線は大きく重なった状態にあります。一方、第三者の機会を見出すことのできる知識をもつ人の場合には、曲線同士の重なりは小さいか、あるいはほとんど重なりがない状態です。ある人は自身のもつ知識によって、知覚する不確実性をある水準まで減らすことができます。そのある水準とは、第三者の機会を認識したという信念、とりわけ疑念に打ち克つほどの信念を形成することができる水準です。

アントレプレナー的アクションの誘因：意欲

アントレプレナー的アクションは、不確実性を負担しようという意欲の結果として行われることもあります。このことは、図表3のように描かれます。さきほどの図表2と異なるところは、平均値の間の距離は変わることなく一定で、曲線の分布も一定であると想定しているところにあります。また、図表3では垂直の線が描かれています。この線は、ある人がアクションを起こそうという判断をする基準となる線です。この線のことを「ジャッジメント線」と呼んでおきましょう。このジャッジメント線は、ある人が第三者の機会を当人の機会だと判断するかどうかを分かつ線であり、言い方を換えると、不確実性を負担する意欲をどの程度もっているのかを表す線です。

図表3の中で、二つの曲線が重なる部分を見てください。もしある人が、この重なりの部分を等しく分けるような場所にジャッジメント線を引く場合には（線J_0）、その人がアントレプレナー的アクションに踏み出すかどうかは五分五分です。もしジャッジメント線を左へ動かす場合には（線J_1）、その人はあらゆる機会を追求しようと動きます。つまり、その人の不確実性の負担意欲は高いということです。逆に、ジャッジメント線を右へ動かす場合には（線J_2）、その人は追求すべき機

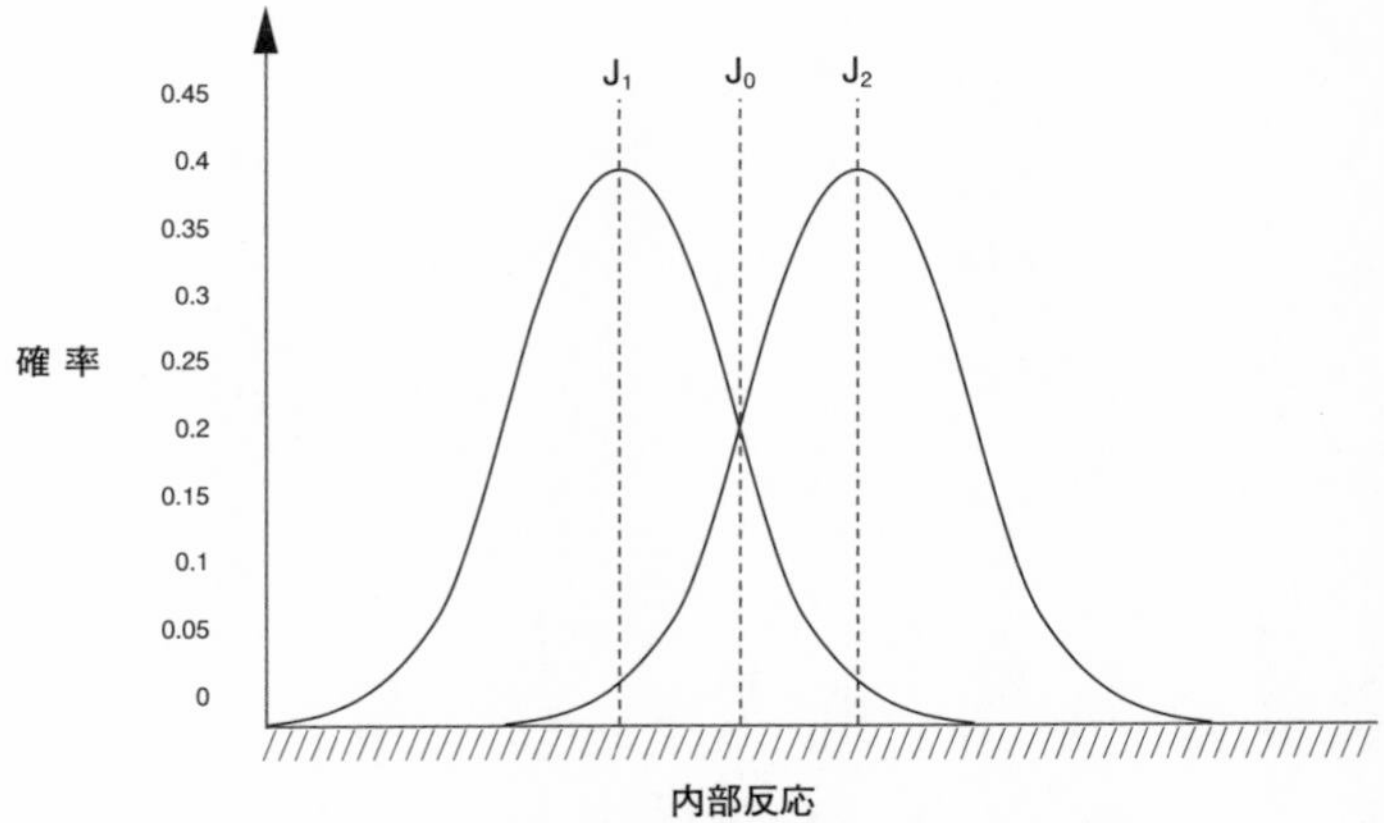

図表3：内部反応曲線と不確実性の負担意欲[13]

会を非常に厳しく慎重に検討します。

多かれ少なかれ、意思決定において人は常に不確実性に晒《さら》されるということを踏まえると、曲線同士は重なっているのが通常です。つまり、アントレプレナー的アクションに踏み出す以上は、たとえそれが知識と意欲のどちらによってなされるものであろうと、二つのエラーに直面する可能性からは逃れられません。一つはコミッション・エラー（error of commission）、もう一つはオミッション・エラー（error of omission）です。前者は、アントレプレナー的アクションをとった結果、自身の機会信念が正しくないことが判明することで、後者はアントレプレナー的アクションをとらなかった結果、後になって自身の機会信念が正しかったことが明らかになってくることです。見込みアントレプレナーは、この二つのエラーにうまく陥らずに済むように工夫しなければなりません。

機会信念の形成要因

どの種類のアントレプレナー的機会であっても、見込みアントレプレナーが自身のアイデアを実際に追求するアクション（アントレプレナー的アクション）に踏み出す上で、機会信念が原動力となります。アントレプレナー的アクションの基礎となる機会信念が形成されるためには、実務経験、人的ネットワーク（人との繋がり）、およびアントレプレナーシップ関連の専門知識が重要です。[14]

見込みアントレプレナーは、顧客の抱える問題を突き止め、優れた解決策を考えて実現しようとします。しかし、顧客の抱える問題は初めから与えられているものではありません。仮にこの人がこれだという問題を思いついたとしても、そもそもそれは本当に「問うべき問題」なのでしょうか？その問題が解決されることは顧客に重大な価値をもたらすものなのでしょうか？　さらには、その問題は見込みアントレプレナーだけがそう思っているような独りよがりのものではないでしょうか？こうした指摘に丁寧に答えられるようになるためには、見込みアントレプレナー自身が文脈を理解しているような問題に取り組む必要があります。このような、見込みアントレプレナーが問題に精通した状態が望ましいという意味で、実務経験は重要です。

実務経験と関連して、人的ネットワークも重要です。特に今日においては、さまざまな仕事が細分化され、専門化されています。そうした現実を踏まえると、起業は見込みアントレプレナーが一人だけでできるものではなく、補完的な力をもった協力者による支えがあってはじめて可能になっていくものだということが分かります。人的ネットワークは、単に名刺交換をしたことがあるとか、SNS（social networking service）で友達リストに入っているといった意味ではありません。実体のある知識同士の繋がりを含む「人との結びつき」です。こうした意味でのネットワークをつくって維持していくことは、機会信念を形成する際だけでなく、実際に起業するにあたっても、さらには起業した後においても重要です。

最後に、アントレプレナーシップ関連の専門知識も有用です[15]。専門知識の多くは、体系立っており、ものごとを論理的かつ俯瞰《ふかん》的に考察するための枠組みを与えてくれます。見込みアントレプレナーは、たとえばビジネスアイデアの妥当性、顧客ニーズの把握、資金計画、ビジネスモデル全体の作り込みと検証など、次々と迫りくる大小さまざまな「すべきこと」を検討し、対処していかなければなりません。しかし、どれほど優れた人であっても通常、全方位的にあらゆるものごとに注意を向けられるわけではなく、目の前の作業で精一杯になりがちです。専門知識によって、見込みアントレプレナーのもつ視野はより広く深いものとなり、機会信念の形成の後押しとなります。

第2章　注

6　Alvarez, S.A., and Barney, J.B.（2007）. Discovery and creation: Alternative theories of entrepreneurial action. *Strategic Entrepreneurship Journal*, 1(1-2): 11-26.

Sarasvathy, S.D., Dew, N., Velamuri, S.R., and Venkataraman, S.(2003). Three views on entrepreneurial opportunity. In Z.J. Acs and D.B. Audretsch(Eds.), *Handbook of Entrepreneurship Research*（pp. 141-160). New York: NY, Springer.

7　McMullen, J.S., and Shepherd, D.A.（2006）. Entrepreneurial action and the role of uncertainty in the theory of the entrepreneur. *Academy of Management Review*, 31(1): 132-142.

8　Shepherd, D.A., McMullen, J.S., and Jennings, P.D.（2007）. The formation of opportunity beliefs: Overcoming ignorance and reducing doubt. *Strategic Entrepreneurship Journal*, 1(1-2): 75-95.

9　ここでの議論は、次の研究から着想を得たものです。

McMullen, J.S., and Shepherd, D.A.（2006）. Entrepreneurial action and the role of uncertainty in the theory of the entrepreneur. *Academy of Management Review*, 31(1): 132-142.

10　たとえば次の論文において、情報や知識がアントレプレナー的機会の発見に及ぼす影響が論じられています。

Fiet, J.O.（1996）. The informational basis of entrepreneurial discovery. *Small Business Economics*, 8(6): 419-430.

11　次の研究を参考にしながら、筆者が一部改変。

McMullen, J.S., and Shepherd, D.A.（2006）. Entrepreneurial action and the role of uncertainty in the theory of the entrepreneur. Academy of Management Review, 31(1): 132-142.

12　この点は、オーストリア経済学における「主観的現実（objective reality)」という考え方に関連しています。たとえば次の論文を参照。

Hayek, F.A.（1945）. The use of knowledge in society. *American Economic Review*, 35(4): 519-530.

13　次の研究を参考にしながら、筆者が一部改変。

McMullen, J.S., and Shepherd, D.A. (2006). Entrepreneurial action and the role of uncertainty in the theory of the entrepreneur. Academy of Management Review, 31(1): 132-142.

14　機会信念の形成要因については、次の研究をはじめとして多数の研究が行われています。

Bergmann, H. (2017). The formation of opportunity beliefs among university entrepreneurs: An empirical study of research- and non-research-driven venture ideas. *Journal of Technology Transfer*, 42(1): 116-140.

Ucbasaran, D., Westhead, P., and Wright, M. (2008). Opportunity identification and pursuit: Does an entrepreneur's human capital matter? *Small Business Economics*, 30(2): 153-173.

Arenius, P., and Clercq, D.D. (2005). A network-based approach to opportunity recognition. *Small Business Economics*, 24(3): 249-265.

15　これと関連して、スイスのUniversity of St.GallenとUniversity of Bernが中心となり、大学生の起業意識に関する調査「GUESSS(Global University Entrepreneurial Spirit Students' Survey)」が世界規模で行われています。

事例 にいがたのアントレプレナーたち①

木村 直人（株式会社トライウェイ・代表取締役）

〔主な事業内容〕地域商社としての貿易業や旅行サービス手配業など

私はもともと新潟市で八百屋の長男として生まれ、小学生くらいまでは漠然と将来は八百屋になると思っていました。しかし、次第に世の中の環境が変わり、スーパーや郊外型の大型ショッピングセンターが出現し始めました。

こうした中、私が中学生から高校生になるくらいのタイミングで、家族は八百屋をたたんで新たに温泉事業に業態を転換させました。私は、子どもながらに「世の中の外部環境は常に変化していくこと」や「事業自体にも寿命があり、いつまでも永続するわけではないこと」を体験しました。この実体験から、私は「どのような世の中で

木村 直人

あっても事業を創り上げられる人間になりたい」と思い、起業に興味をもち始めました。

実際に起業を決断したとき、私は「自分が死ぬときに、会社勤めと起業、どちらが後悔しない生き方か」を考えました。会社勤めの場合、ある程度は安定的な給与を得ることができますが、若い頃に挑戦しなかったことに後悔を抱くかもしれません。一方、起業をして失敗した場合、一時的にキャッシュフローは苦しくなりますが、ある程度の年齢であれば再び会社勤めをするという選択肢が残っているでしょうし、再度挑戦するという選択肢も残ります。

金利にも固定と変動があるように、人によって考え方が異なるかもしれませんが、私の場合は、将来がある程度見えた安定化（固定化）された人生よりも、山あり谷ありで変動するかもしれないけれども自分のやりたいことに挑戦する人生のほうを大事にしました。そのような自分の判断を許容してくれた妻や家族には、いつまで経っても頭が上がりません。

藤田　献児（株式会社リプロネクスト・代表取締役）

〔主な事業内容〕実写ＶＲ・３６０度コンテンツ制作、オリジナルＶＲゴーグル制作、Ｗｅｂ動画制作、総合Ｗｅｂマーケティング事業

子どもの頃から何となく「いつか社会に貢献するような人になりたい」と思っていました。中学生

の頃には「将来は自分で会社をやりたい」と父に伝えていたようです。さらにしっかりと起業を意識するようになったのは、大学の頃だったと思います。私は「サッカー選手になりたい」とか「野球選手になりたい」に似た感覚で、「将来は起業家になりたい」と思っていました。大学卒業後はいったん就職をしましたが、将来的に起業することを想定して、ベンチャーに絞って就職活動をしていました。

　私は起業に対して大きく二つのリスクがあるだろうと考えていました。一つは、起業することによって収入が大幅に減る、あるいはなくなることです。会社員のときに得た給料は、すべて起業資金に回しました。その上、起業後はしばらく収入もないので、出費を極限まで減らし、アルバイトで生計を立てていました。その頃は結婚直後だったのですが、初めのうちは実家で暮らし、月7万円のアルバイト代で生活をして、お金の面での不安を少しでもなくそうとしていました。

　もう一つは、失敗に対するリスクです。起業前によく「起業しても9割くらいは失敗する」という話を聞いていました。そのとき「失敗」というものがどういう状況なのかについてあまりイメー

藤田 献児

ジが湧かずにいたため、怖かった記憶があります。しかし、最終的には「もし会社がダメになっても、30歳くらいであれば転職できるだろう」と考え、起業に踏み出しました。

渋谷 修太（フラー株式会社・代表取締役会長）

〔主な事業内容〕モバイル行動データを核とした「アプリ分析支援事業」および「スマホビジネス共創事業」

私が起業したきっかけは大きく三つあります。一つは原体験から「人生のコントロール権を自分でもちたい」と思うようになったことです。私は両親の仕事の関係で、幼い頃から新潟県内を転々としながら暮らしました。引っ越しのたびに、自分の意思とは無関係に大好きな友達と離れ離れにならなければいけなかったことがとても寂しく、今でもその記憶が強烈に残っています。

学生生活が終わったとしても、大好きな仲間たちと一緒にいる方法はないだろうか。そうして思いついたのが「起業」でした。私の起業の根底には「自分が住む場所や一緒に過ごす人は、自分で決めたい」という、幼い頃の原体験から生み出された強い意志があります。

そしてもう一つの起業のきっかけは、ロールモデル（将来こうなりたいと思う姿）を見つけたことです。私が最も好きな企業は「ソニー」です。創業者の井深さんや盛田さんの本は、学生時代に何度も読みました。戦後の日本経済を復興するために、数々の革新的なプロダクトを世に生み出し、世界中の人々に届け、日本発の世界的ブランドを創り上げた創業者たち。私はそのストーリーに憧れ、自分自身も生まれ育った国や地域のために、ソニーのような偉大な会社を創り上げたいと思うようになりました。

　起業を目指すようになった三つめのきっかけは、メンター（背中を押して伴走してくれる存在）に出会えたことです。18歳の頃、夢を探している過程で、たまたま本屋さんで見つけた1冊の書籍がありました。『ハーバードＭＢＡ留学記』（日経ＢＰ）という本です。この本の著者は、のちにライフネット生命という日本初のインターネット保険会社をつくった岩瀬大輔さんです。私はこの本を読み、「一度きりの人生、悔いのないように挑戦しよう」と思うようになりました。そして、著者の岩瀬さんが主催していた「起業塾」に参加したのが23歳のときです。彼に自分のこれまでの経緯や事業プランを説明したところ、「応援するから、今すぐ会社を創りなよ！」と言ってもらえました。これが最後の一押しとなり、その後すぐに会社を立ち上げました。

FULLER

渋谷 修太

世界有数の経済誌であるForbesにより、30歳未満の重要人物「30アンダー30」に選出された

私は根本的に、起業をリスクだとは考えていませんでした。むしろ、若いときに挑戦しないことのほうが人生にとってのリスクだと考えていました。そして、他人の創った会社にたった一度きりの人生を委ねる生き方も、リスクだと感じていました。

大学に通っていた頃、リスク許容度やリスク志向性についての授業がありました。その際に、自分は明らかに一般的な尺度で考えると「リスクを好む」人間だということに気づきました。それに「人がリスクだと思うことを私はリスクではないと思い、逆に人が気づいていないリスクを私は大きなリスクと考える傾向にある」ということにも気づきました。

私は、「世界中どこにいても、自分の力で（もちろん周りの協力を得ながら）稼ぎ、生きていけるようにする」ことこそが、最もリスクの少ない生き方だと思っています。つまり私にとっては、人々がリスクだと思う「起業」をしないことこそが、自分にとっての最大のリスクだと思うのです。私は「何があっても生きられるようにする」ことで人生のリスクを回避しようとしており、起業をリスクだと考える人は逆に「起業なんてしなくても生きていける」というほうに賭けている（つまり私からするとリスクを取っている）のだと思います。

福田　恭子（株式会社クラウドクラフト・代表兼プロジェクトリーダー）

〔主な事業内容〕ものづくりのオンラインオープンクラフトプラットフォーム事業

大学時代、私は先輩に誘われてビジネスコンテストを運営するサークルに参加しました。自らの行動を通じて社会をつくる「起業家」として生きる先輩方に多く出会い、自分自身も起業に憧れをもつようになりました。

私の想いは「新潟を盛り上げたい！」というものです。その想いをどう実現するかで悩んでいた頃、株式会社ＭＧＮＥＴに出会いました。ＭＧＮＥＴの代表である武田さんと話す中で、ＭＧＮＥＴの環境に身を置けば起業という手段にとらわれずに自分の夢を叶えられるのではないかと思い、入社を決意しました。ＭＧＮＥＴの事業を通じて、自身の夢の実現に向けて取り組み始めました。

入社して3年が経った頃、武田さんと新しい事業を構想しているときに、ふとしたタイミングで「クラウドクラフト」の事業アイデアが浮かびました。私はその事業アイデアにとてもワクワクしました。武田さんがクラウドクラフトの事業構想についてフラー株式会社の渋谷社長（現会長）と打ち合わせをもつというので、私も参加しました。打ち合わせでは「この事業を大きく展開していこう！」という話になり、同席していた私が代

CrowdCraft

福田 恭子

表を務めることで事業としても会社としても面白くなるのではないか？という展開になりました。

私自身が「新潟を盛り上げたい！」という想いを成し遂げたいと考えていた中での起業の話でした。私は「尊敬する武田代表と渋谷社長と一緒に事業を進めることができるチャンスを掴みたい！」という一心で、起業への挑戦を決意しました。

武田さんは、起業を志しつつも人生に迷っていたときに私にアドバイスをくれた一番のメンターです。自分自身の決断に自信がもてないとき、常に背中を押してくれる存在です。渋谷さんは、私が学生時代から憧れていた起業家の一人です。私も渋谷さんのように、自分の道を切り開く存在になりたいと憧れていました。渋谷さんが大きなステージに登壇する姿を見て、私もいつかあのような舞台に立ちたいという夢をもちました。

その二人とともに事業を始められるチャンス。そして、自分自身が心からワクワクしたのが「クラウドクラフト」の事業構想でした。自分が取り組む「何か」は、自分自身から湧き出るものかもしれませんし、信頼する誰かの声から生まれたものかもしれません。そうしたチャンスを掴むことも、一つの起業の方法ではないかと思います。

私はたびたび「新潟からスケールの大きな事業を創りたい」という私自身の想いを、武田さんに共有していました。武田さんがクラウドクラフト事業を推進する意義を固め、渋谷さんが事業を実現させるためのロジックを固めました。そうした基礎があって、今のクラウドクラフトがあります。

一人では実現できないような夢でも、メンターたちとの出会いを自分自身の行動を通じて手繰り寄せることで、現実のものとなるかもしれません。

室田 雅貴（株式会社Ｒｉｐａｒｉａ（リペリア）・代表取締役ＣＥＯ）

〔主な事業内容〕アプリ・Ｗｅｂサービスの開発・運営（都会にいながら副業として地方で働くことができるサービス「ともるい」および自分のスキルで地方に貢献できるサービス「つるのて」）

学生時代をエンジニアとして過ごし、10社を超える企業でエンジニアとしてのインターンシップを経験しました。次第に自分自身でサービスをつくることができるようになり、「より多くの人が使ってくれるサービスや社会のためになるようなサービスを創りたい」と思うようになりました。このあたりから、起業に意識が向き始めました。

とはいうものの、既存の企業に就職をしてサービスを創っていくことも一つの手段だと思いました。しかし、フラー株式会社でのアルバイトを通じて渋谷社長（現会長）という起業家に間近で接しな

室田 雅貴

がら、格好良い生き方だと思いました。そうしてだんだんと、起業家として生きる道を現実のものとして意識し始めました。

そこで私は「Ｍａｋｅｒｓ Ｕｎｉｖｅｒｓｉｔｙ」に所属することにしました。同年代の方のもつ「熱」や「信念」をもって突き進んでいく様子を見て、私は「自分は何をやりたいのか？ なぜ生きているのか？」といったことを意識するようになりました。また、渋谷社長以外の東京で挑戦している起業家の方たちともお会いする機会が増え、挑戦する格好良さをさらに感じたとともに、「一生は一度しかないのだから」という想いが強くなり、起業を決意しました。

私は学生起業でしたので、起業することはリスクだという考えではなく、むしろ起業しないほうがリスクだと考えました。また、新潟の当時の状況（起業家がほぼいなかったことと、県が起業に力を入れそうな様子だったこと）を踏まえても、やはりチャンスでしかないと思いました。東京ではなく新潟で起業したのも、注目を浴びる可能性が高いだろうという判断が一因です。

私は、新型コロナウイルスが流行する以前から、昨今の環境変化の激しさ・予測不可能さを踏まえると、どういった道を選択しようと安定してはいないだろうと考えていました。そうであるのならば、大切なことは、自分でしっかり道を選んで、その道を信じて進むことだと思います。挑戦し続けないと社会に置いていかれてしまいます。敏感に情報をキャッチアップしながら進んでいくしかありません。

就職をしたとしてもどうなるか分からない未来が待っているのならば、起業に挑戦したほうが良いと思いました。今日も今後も、挑戦しない選択をしていることがリスクになるのではないでしょうか。

木村 大地（株式会社アイセック・代表取締役）

〔主な事業内容〕健康医療データ分析ＥＢＰＭ(Evidence-based Policy Making：エビデンスに基づく政策立案）支援事業、健康教育マネジメント事業、他市場データ連携支援事業

私が15歳のとき、剣道の恩師を亡くしました。2年半の闘病生活を間近で寄り添い、人はどのように死を迎え、人はどのように後悔して亡くなっていくのかを知りました。病院の待合室で、私と幼なじみの前で「死にたくない」と涙を流していた恩師の姿は今でも忘れられません。

私はそれ以来ずっと、「人が与えられた寿命を最期まで健康に生ききる文化を創りたい」と真剣に考え、このことを軸として人生の進

木村 大地

み方を選択してきました。

大学卒業後、地元の健診機関に就職しました。2008年にメタボ健診制度がスタートし、厚生労働省が健診データの全国規格の統一を始めました。ちょうどその頃に、私は厚労省が提供するシステム開発を行う企業へ転職しました。

国や日本医師会、健康保険組合連合会、国民健康保険中央会など、日本の医療制度を支えている団体の要職の方々と接する機会が増えました。私は幸運にも、20代後半にして日本の健康づくりの歴史や将来の動向をよく知ることのできるチャンスを得られたのです。また、若いながらも頑なに健康寿命にコミットしていた私の風変わりな姿勢がよほど珍しかったのか、業界の重鎮の方々が手を差し伸べてくださり、今でも交流が続いています。

そうした中、経営学を身につけようと考え、MBAを目指して大学院で学び始めました。大学院で経営学を学び始めて1年目の2011年3月、東日本大震災が起こりました。テレビ越しに被災地の現実を目の当たりにしました。たまたま東京で生かされている自分と、たまたま被災地で亡くなられた方々。私は、自分の人生で実現したいことが明確であるのならMBAを取得する「いつか」ではなく、確固たるビジョンと想いがある「今」行動を起こそうと思いました。震災の3カ月後には、勤務していた会社の社長に直談判してビジョンを応援していただき、30歳で起業しました。

会社の数だけ起業の目的はあると思います。その一方で、何か共通するものもあるでしょう。私が思うに、起業というものはゴールではなく「手段」です。心揺さぶるほど成し遂げたいものがある人は、起業しても良いかもしれません。しかし、社長になってみたいとか、人の下で働きたくないとか、お金持ちになりたいという思いだけの起業はオススメできません。

私はこれまでに2社、起業しています。1社目の起業後はなかなか大変で、一日一食の100円うどんで食いしのぐこともありました。最初はなかなか軌道に乗らず、両親や親族にも借金をしました。しかしその後、事業は急成長を遂げ、上場を目指すフェーズに入りました。最初は順調でも、社員を雇用したり、顧客の経営状況や社会の景気が悪化したりすると、次第に経営が圧迫されます。経営者の中で本当に儲かっている人は、ほんの一握りだと考えたほうが良いかもしれません。

今経営している「株式会社アイセック」は、私にとって2社目の起業です。今回の起業はもともと予定していたわけではなく、新潟大学医学部の大学院で一から医学を学んで博士号を取得しようと思い動き出したことがきっかけでした。

アイセックの取締役でもある新潟大学大学院医歯学総合研究科の曽根博仁教授の教室には、100名ほどの医師が所属し、日々診療を行いながら研究を重ねています。曽根教授の教室は、世界的に権威のある米国糖尿病学会などで毎年のように連続受賞するほどの実績があり、全国的にも有名です。しかしながら今まで有益なエビデンスや論文が社会実装されることは少なく、曽根教授は「正しい医学的エビデンスを通じて新潟県民のために社会還元したい」と考えていました。一方で私は、現場の課題に寄り添ってきた経験を通じて、エビデンスの必要性を感じていました。曽根教授の想いと私の想いが合致し、新潟県民の健康寿命延伸に寄与する「懸け橋」となるべく、新潟大学医学部内科とともに新会社アイセックを設立しました。

アイセックの起業では、熟考しました。最終的に起業に踏み出すことにした決定打は、妻とともに起こり得るリスクを洗い出し、万が一倒産しても家族に迷惑がかからず挑戦し続ける方法を整理できたことでした。1社目においては、幸いなことに多くの支援者の存在と時代の流れもあって軌道に乗りましたが、私は資産を増やすことや地位に固執することにはあまり興味がありませんでした。むしろ、40歳以降の人生を大切な家族とともに、両親や親族のいる故郷・新潟で、恩師が与えてくれた使命をもとに還元できないかと考えました。

新潟県民は世界で一番健康寿命が長い。そんな将来を実現したいと思っています。

第3章　さまざまなアントレプレナー的方法論

私は大学卒業後に総合商社へ入社し、約11年間の勤務を通じて貿易実務、財務・会計、法務、語学などの知識・経験を身につけました。退職後は香港科技大学のビジネススクールへ留学し、MBAを取得しました。それから新潟へ戻り、新潟県のU・Iターン者向けビジネスプランコンテストを経て起業しました。

私の場合、ビジネスプランコンテストで発表した事業をもとに起業していく流れでした。しかし、会社設立後すぐに直面したのは、ゼロからのスタートだったため、事業の柱がない中で新規事業を構築しなければならず、毎月キャッシュアウトが先行してしまうという事態でした。

MBAではリーンスタートアップなどのフレームワークを学び、PDCA（plan-do-check-act）を高速で回してコストを最小限に抑えながら迅速に事業化させる必要性も知っていました。しかし実際の起業においては、当初考えたビジネスプランの収益化が想定していたよりも時間がかかったため、ローンチせずに中断し、ピボットしながらまずはすぐに収益化が見込める事業に転換しました。

MBAで学ぶことのできる理論やフレームワーク自体は有益なものも多いと思います。しかし、いざ実際に起業しようとすると、時間的・資金的・人的な制約条件がより具体的で明確になり、想定していた通りに物事が運ばないことも多々あります。そのため、起業においては現実に即した柔軟性や適応性も必要なのです。

木村直人（株式会社トライウェイ・代表取締役）

アントレプレナー的方法論の比較軸：ロジック・モデル・ツール

近年、実務や研究などを通じてさまざまな起業の方法論が提案されるようになりました。[16] 見込みアントレプレナーは、個人的な勘や経験に基づきながら脚を使って機会信念を形成しようとするだけでなく、一定の論理や体系をもった方法論を参考にしながら、ある意味で「スマートに」機会信念を形成しようとすることもできるようになっています。

本章では、こうした「アントレプレナー的方法論」について、その中でも代表的な四つの方法論を説明します。

■ ビジネスプランニング
■ リーンスタートアップ
■ デザイン思考
■ エフェクチュエーション

先述したように、これらの中で本書は「エフェクチュエーション」に着目しています。エフェクチュエーションは、学術研究の流れの中で生まれた比較的新しい概念です。[17] 本章では、このエフェクチュエーションが、代表的なその他の三つの方法論とどう異なるのかを浮き彫りにすることを目指します。

さて、何事においてもそうですが、比較を行うにあたっては比較軸が必要です。ここでは、比較の枠組みとして、ロジック・モデル・ツールという三つの軸を用意します。実践的な道具に近いものから順に、ツール・モデル・ロジックと並びます。

まず「ロジック」とは、アクションの指針となるような包括的な思考のことです。本章では前記四つのアントレプレナー的方法論を比較説明しますが、それぞれの方法論におけるロジックは、理論的基礎や方向指示器のような枠組みをつくり出す働きをしています。

次に「モデル」は、方法論の処方者（考案者）と見込みアントレプレナー（実行者）の間で、方法論に関する間主観的で規範的な議論をしやすくするという働きを担うものです。たとえば、起業プロセスを便利に可視化したり、その方法論に独特の考え方を指し示す用語を準備するといったことが含まれます。

このモデルを要約するものが、最後の「ツール」です。ツールは多くの場合、あるアクションがうまく機能し得るのはどういった文脈か、あるアクションがとられた場合にどのような結果に至るか、といったことを詳細に示すことを目指します。つまり、ツールは実行志向であり、かつ即時的な目標を達成することを志向するものです。

それぞれの方法論について、ロジック・モデル・ツールという三つの軸から比較すると、図表4

図表4：代表的な方法論の比較[18]

	ロジック	モデル	ツール
ビジネスプランニング	将来のアウトカムは概ね未知であるが、トレンドや入手可能な過去のデータを注意深く調べることで予測が可能になる。	ビジネスプランニングの六つのステップ	市場調査、フォーカスグループ、PEST分析、SWOT分析 など
リーンスタートアップ	システマティックで科学的なアプローチを用いて、アイデアに関する推論とそれらの妥当性の検証を行うことで、不確実性を減らすことができる。	構築―計測―学習のフィードバックループ／リーンスタートアッププフローチャート	ターゲット実験、顧客インタビュー、プロトタイプ、フェイクドアテスト など
デザイン思考	問題の形成と検証をシステマティックなアプローチを通じて行うことで、ユーザーのニーズやウォンツと整合するような革新的な解決策を見つけ出す可能性を高めることできる。	デザイン思考の五つのステップ	プロトタイプ、ユーザーインタビュー、イノベーションフローチャート など
エフェクチュエーション	人間の行いによって形づくられる将来の結末は概ね予測不可能なものなので、すべての活動においては「予測」ではなく「コントロール」という考え方を中心に置くべきである。	エフェクチュエーションの5原則／エフェクチュアルサイクル	自身のもつ手段をチェックするための質問リスト、許容可能なリスクの評価テンプレート など

のようになります。

ビジネスプランニング

まず「ビジネスプランニング」では、その名の通り「プランニング（計画づくり）」を重視します。ビジネスプランニングでは、ある企業の将来の姿（将来のポジション）は、その企業がとる一連のアクションの帰結として決まってくると考えます。あらゆるアクションに関して比較評価しつつ、どのアクションの道筋をとれば将来のポジションが最良となるかを検討するものです。

このビジネスプランニングでは、

企業内部のさまざまな機能が企業を取り巻く外部環境とどううまく組み合わさっていくかを示す「ビジネスプラン」を練り上げるという点が「ロジック」に当たります。[19] ビジネスプランにおいては、誰を顧客とするのか（顧客はどのようなニーズを抱えているかなど）、市場における目標は何か（どの程度の市場シェアを狙うかなど）、物事がうまく進まなくなる可能性はどの程度あるか、財務計画はどのようになっているか、誰がマネジメントチーム（経営陣）に入るのか、スケジュールの中にどのようなマイルストーンを置くのか、どのような戦略の型を想定するのか（差別化戦略・コストリーダーシップ戦略・集中戦略など）、といった内容が盛り込まれます。ビジネスプランは、ビジネスプランニングの工程を形づくるフォーマルな計画書であると言えるでしょう。

この計画書をつくるプロセスは、多数の具体的なステップからなります。これらの具体的なステップが、ビジネスプランニングにおける「モデル」に該当します。たとえば、事業の定義、ミッションの開発、ゴールと目標の設定、目標を達成するための戦略策定、必要となる経営資源（人・モノ・カネ・情報など）の特定、経営資源の獲得および配置の計画、戦略の実行、業績評価、計画と現実が乖離した場合の軌道修正などが含まれます。

モデルに該当するステップはそれぞれ、具体的な手段を通じて初めて実施されます。この具体的な手段は多岐にわたりますが、たとえば市場調査、ＰＥＳＴ分析（政治環境・経済環境・社会環境・技術環境の分析）、ＳＷＯＴ分析（強み・弱み・機会・脅威の分析）、フォーカスグループ、財務診断などが挙げられます。こうした手段がビジネスプランニングにおける「ツール」です。

リーンスタートアップ

アントレプレナーが起業を成功させる可能性は、さまざまな取り組みを通じて高められるかもしれません。成功の可能性が高まりそうな実践的取り組みを複数盛り込んだ方法論が、リーンスタートアップです。[20]

リーンスタートアップでは次のことを「ロジック」としています。すなわち「人間の行う判断は誤りがちである。しかし、その判断の基礎にある仮説の検証を繰り返すことによって、人間による判断はより向上していく」というものです。見込みアントレプレナーがリーンスタートアップを方法論として用いる場合、仮説と検証を繰り返したり、目的をもって実験を行ったりすることで、自身の新オファリング（新製品や新サービス）に関する学習を行います。このプロセスの中で、顕在的な顧客および潜在的な顧客と密接かつ恒常的に相互作用を行います。相互作用を通じて手に入れた新鮮なエビデンスを用いて、見込みアントレプレナーは、自身の機会信念がどこか確からしさの乏しい憶測に基づいていないかをチェックしていきます。ここで、見込みアントレプレナーが考える「きっとこうだろう」という想定のうち、こうした確からしさのチェックを経由していない状態のものを「アサンプション（assumption）」と呼んでおきます。リーンスタートアップでは、顕在的・潜在的な顧客との相互作用を通じて、さまざまなアサンプションを検証したり（確かにそうだと確信したり）、無効化したり（この想定はどうやら違うようだと棄却したり）していくのです。

リーンスタートアップの「モデル」は、「構築—計測—学習（build-measure-learn）」のフィードバックループです。具体的には、見込みアントレプレナーはまず、ビジネスアイデアを検証可能な形に変えて「アサンプションとしてのビジネスモデル」へ落とし込みます（ビジネスモデルキャンバスやリーンキャンバスが用いられます）[21]。それから、フィードバックの収集を行うことができるように「MVP（minimum viable product）」をつくります。MVPとは、顧客に価値を提供するために最小限必要な機能や特徴だけをもった（余計なものを削ぎ落としたシンプルな）オファリングのことです。この「構築（build）」の段階を越えたら、次に見込みアントレプレナーは「計測（measure）」の段階に移ります。この段階では、顧客とともに新製品や新サービスに関するアサンプションを検証し、その結果を客観的に評価します。そうすると今度は、分析結果を踏まえてさらなる検証へ向けた調査設計を行うという「学習（learn）」の段階に移ります。

最後に、リーンスタートアップ方法論の「ツール」はすべて、迅速なフィードバックの収集を目指すためのものです。たとえば、顧客インタビュー、ターゲット実験（targeted experiment）、フェイクドアテスト（fake door testing）、実物としての試作（physical prototyping）、A／Bテストなどが挙げられます。いずれも、製品開発における試作の手法であるラピッドプロトタイピングや、プロジェクト開発の手法であるアジャイルソフトウェア開発などの分野から応用されたツールです。

デザイン思考

デザイン思考とは、デザイナーのもつ特有の考え方を、ビジネスの文脈に応用しようというものです。[22] デザイン思考の「ロジック」は、イノベーションを、人間中心の視点に立ち、反復的で非線形のプロセスとして捉えるところにあります。

デザイン思考の特徴は「創造—検証—学習（create-test-learn）」のプロセスにあります。まずユーザーが経験する問題を定義することから始まり、その深さを理解し、考えられるソリューション（解決策）をつくって検証し、最後にその検証結果をソリューションに反映させることでプロセスが終了します。ただしこのプロセスは、後戻りすることなく一直線に進むものではありません。各段階を行ったり来たり、さらには何度もプロセスを繰り返しながら進んでいきます。そうすることで、ユーザーの求めるソリューションへとだんだんと近づいていこうとします。

この「創造—検証—学習」のプロセスをより細かく見ていくと、デザイン思考の「モデル」が浮かび上がります。典型的なモデルは次の五つの段階からなります。[23] まず(1)ユーザーが直面している問題を、ユーザーの立場から理解するという「共感」の段階、次に⑵チーム内で情報をもち寄り、要約することを通じて問題の本質を（チームとして）理解するという「問題定義」の段階、⑶問題に対する多様なソリューション案を考えるという「アイデア創出」の段階、⑷ソリューション案をプロトタイプ（試作品）へと具現化するという「プロトタイピング」の段階、そして最後が⑸ユーザーにプロトタイプを使用してもらいフィードバックを受けるという「（ユーザーとともにソリューションを）検証」する段階です。

この五つの段階をそれぞれ実際に進めていくための手法が、デザイン思考の「ツール」です。デザイン思考のロジックの特徴は「人間中心性」にあるため、とりわけ「問題の定義」を重要視します。デザイン思考のツールの多くは⑴共感の段階と⑵問題定義の段階の周りに配置されています。たとえば、ユーザーインタビューの実施、カスタマージャーニーマップ（顧客による一連の行動を時系列的に描いたもの）の作成、顧客エスノグラフィー（個々の顧客による行動をつぶさに観察する方法）の実行、ペルソナ（ターゲットとなる顧客の特徴を凝縮した理想の顧客像）の設定などが挙げられます。

エフェクチュエーション

ここまでに紹介した三つの方法論は、いずれも「将来を最良の形で予測しよう」という性格をもった発想です。言い方を換えると、アントレプレナー的機会を「発見」されるものであると捉える傾向にあります。これに対して、エフェクチュエーションの「ロジック」は、将来は予測するものであると考えるのではなく将来はコントロールするものであると考えるところにあります。具体的には、エフェクチュエーションの発想のもとでは、人間が将来を引き起こし、それゆえ将来はコントロールされ得るものだという話になります。エフェクチュエーションでは「アントレプレナーによるアクションを通じて将来は創造されていく」というロジックをもち、それを実現するためのモデルやツールが用意されています。[24]

エフェクチュエーションの発想に立つと、アントレプレナー的機会はどこかで発見されるのをじっと待っているようなものではありません。エフェクチュエーションでは、アントレプレナーを「隠れた機会を掘り起こす」存在として捉えるのではなく、むしろ何らかの社会的プロセスを通じて機会を創出するという「機会を出現させる」存在であると捉えます。

エフェクチュエーションのもとでは、見込みアントレプレナーは、自身のもつ精一杯の手段によって生み出されるありとあらゆる製品やサービスの集合の中からビジネスアイデアをスタートさせます。見込みアントレプレナーはそのアイデアをもって他者との交流を行うことで、自身のネットワークが広がったり、進んで自発的に協力してくれる仲間が増え、さらには新たな手段の獲得やゴールの明確化が進みます。

このような形で見込みアントレプレナーが行動していく際のポイントをまとめたものが、エフェクチュエーションの「モデル」に該当します。エフェクチュエーションの「モデル」は次の五つの原則にまとめられます。

■ 見込みアントレプレナーは自分自身に対して、三つの問いかけ（「Who I am（自らのアイデンティティーに関する問いかけ）」「What I know（自分のもつ知識に関する問いかけ）」「Whom I know（自分の有するネットワークに関する問いかけ）」）を向けることからスタートすること

■ 「起業を通じて何だったら（どこまでだったら）失うのを厭《いと》わないか」を考えることで、リスクを限定すること（許容可能なリスクを明確化すること）

■ 「予想と現実の間に思わぬ食い違いが生じてしまう」といった予期せぬ事態を活用すること

■ 自ら進んで見込みアントレプレナーとともにビジネスを共創していきたいと申し出るような、「自己選抜型」のパートナーによるコミットメントを獲得すること

■ 未知の将来を予測しようとするのではなく、むしろ自身のコントロールの中にある活動に焦点を絞ること

エフェクチュエーションでは、これら五つの原則に関連した動きをとるための「ツール」も提供

されています。たとえば、自身のもつ手段をチェックするための質問リスト、許容可能なリスクの評価テンプレートなどが挙げられます。これらのツールは、ネットワークづくりにおける指針となったり、体系的で手早くリスクを評価するための手段となるなど、見込みアントレプレナーによる特定の努力がどのような結末に至るかを制御するための情報を与えてくれるものです。

次の第4章では、エフェクチュエーションの詳細について、特にモデルに焦点を当てて説明をします。

第3章　注

16　起業の方法論に関する実践的なテキストとしては、次のものがあります。
ビル・オーレット著（月沢李歌子訳）（2014）『ビジネス・クリエーション！：アイデアや技術から新しい製品・サービスを創る24ステップ』ダイヤモンド社
スティーブン・G・ブランク著（堤孝志、渡邊哲訳）（2016）『アントレプレナーの教科書〔新装版〕』翔泳社
また、アントレプレナーシップやベンチャービジネスに関する学問もあります。日本語で書かれたテキストとしては、次のようなものがあります。
忽那憲治、長谷川博和、高橋徳行、五十嵐伸吾、山田仁一郎（2013）『アントレプレナーシップ入門：ベンチャーの創造を学ぶ』有斐閣
長谷川博和（2018）『ベンチャー経営論』東洋経済新報社
長谷川博和（2010）『マネジメント・テキスト ベンチャー・マネジメント〈事業創造〉入門』日本経済新聞出版
高橋徳行（2005）『起業学の基礎：アントレプレナーシップとは何か』勁草書房
松重和美、三枝省三、竹本拓治（2016）『アントレプレナーシップ教科書』中央経済社
山田幸三、江島由裕（2017）『1からのアントレプレナーシップ』碩学舎
米国マサチューセッツ州にある起業家教育に特化したバブソン大学の教授陣が執筆した教科書の日本語訳も出ています。
ウィリアム・バイグレイブ、アンドリュー・ザカラキス著（高橋徳行、田代泰久、鈴木正明訳）（2009）『アントレプレナーシップ』日経BP社
経済学の視点からアントレプレナーシップを論じたものとしては、次の書籍が有用です。
本庄裕司（2010）『アントレプレナーシップの経済学』同友館
経営戦略論の視点からアントレプレナーシップを論じたものとしては、次の書籍が有用です。
新藤晴臣（2015）『アントレプレナーの戦略論』中央経済社
17　サラス・サラスバシー著（加護野忠男、高瀬進、吉田満梨訳）（2015）『エフェクチュエーション：市場創造

の実効理論』碩学舎

18　Mansoori, Y., and Lackéus, M. (2019). Comparing effectuation to discovery-driven planning, prescriptive entrepreneurship, business planning, lean startup, and design thinking. *Small Business Economics*, 54(3): 791-818. を参考に、筆者が一部改変。

19　次の書籍では、ビジネスプランニングのロジック・モデル・ツールが体系的にまとめられています。
グロービス経営大学院（２０１０）『〔新版〕グロービスＭＢＡビジネスプラン』ダイヤモンド社

20　エリック・リース著（井口耕二訳）（２０１２）『リーンスタートアップ：ムダのない起業プロセスでイノベーションを生みだす』日経ＢＰ社

21　アレックス・オスターワルダー、イヴ・ピニュール著（小山龍介訳）（２０１２）『ビジネスモデル・ジェネレーション：ビジネスモデル設計書』翔泳社
アレックス・オスターワルダー、イヴ・ピニュール著（関美和訳）（２０１５）『バリュー・プロポジション・デザイン：顧客が欲しがる製品やサービスを創る』翔泳社

22　『ＤＩＡＭＯＮＤ ハーバードビジネスレビュー』の２０１６年４月号では「デザイン思考の進化」と題して特集が組まれています。また、次の文献ではデザイン思考の全体像が分かりやすくまとめられています。
八重樫文、安藤拓生「デザイン思考：デザインプロセスの手法・ツールとしての応用」（八重樫文、安藤拓生（２０１９）『デザインマネジメント論：ビジネスにおけるデザインの意義と役割』新曜社所収、88～91ページ）

23　５段階モデルは、スタンフォード大学のHasso Plattner 教授およびHasso Plattner Institute of Design（通称「d.school」）によって提唱されています。

24　エフェクチュエーションに関する研究書としては、次の書籍を参照。
サラス・サラスバシー著（加護野忠男、高瀬進、吉田満梨訳）（２０１５）『エフェクチュエーション：市場創造の実効理論』碩学舎
エフェクチュエーションを用いたアントレプレナーシップのテキストについては、次の書籍を参照。
スチュアート・リード、サラス・サラスバシー、ニック・デュー、ロバート・ウィルトバンク、アンヴァレリー・オー

ルソン著（吉田孟史、寺澤朝子、弘中史子訳）（2018）『エフェクチュアル・アントレプレナーシップ：創業――すでにここにある未来』ナカニシヤ出版

エフェクチュエーションの発想を読み物として分かりやすくまとめた書籍としては、次を参照。

レオナード・A・シュレシンジャー、チャールズ・F・キーファー、ポール・B・ブラウン著（清水由貴子訳）（2013）『ジャスト・スタート：起業家に学ぶ予測不能な未来の生き抜き方』CCCメディアハウス

第4章　エフェクチュエーション

「起業家と、彼ら／彼女らを支援したい企業を繋げるようなオンライン空間をつくり、そこでオリジナルコインを流通させたい。そしてそのコインを使って優れた起業家育成を…」

私は起業する前から、自分のやりたいことを会う人会う人に伝えていました。そんな私の想いは、ある人からその人の仕事関係者へ伝わり、次に海を渡って佐渡島に住む（その人の趣味である釣りの）恩師に伝わり、さらにはその人の佐渡仲間に、そして情報は東京へ渡り、その人の知り合いに伝わりました。

そうして私の想いが辿《たど》り着いた先は、渋谷（東京）の起業家・田村健太郎さん（ｍｉｎｔ株式会社・ＣＥＯ）でした。田村さんが私の頭の中を形にしてくれました。

自分のやりたい事を形にしてくれるパートナーと出会うためには、常にそれを人に伝え続けることだと思います。伝え続けることで自分の想いが人から人へ伝播し、思わぬところで形になるのだと思います。

逸見覚（株式会社スナップ新潟・代表取締役社長）

二つの意思決定プロセス：コーザルプロセスとエフェクチュアルプロセス

筆者の知る新潟のアントレプレナーたちは、本人たちが意識しているかどうかは別として、意思決定の仕方にある程度の共通性が見られるようです。それは、自身のもち得る最大限の経験・知識・ネットワークを使ったときに浮かび上がってくる「具現化し得ること」に注意を払いながら起業へのチャレンジを開始し、具現化を目指すプロセスの中で新たに少しずつ増えてきた手持ちのカード（経験・知識・ネットワーク）を踏まえてさらに「具現化し得ること」を洗練させていく、といった行動の共通性です。

この手の考え方は、アントレプレナーシップ研究では「エフェクチュエーション」と呼ばれます。このエフェクチュエーションという概念は、もともと起業家の熟達研究において「熟達した起業家と初心者の起業家とでは、何か意思決定のクセが違うのではないか」という問題意識のもとで、熟達起業家の思考に共通するクセとして発見されたものです。筆者は新潟のさまざまなアントレプレナーに対する取材や観察を通じて、彼ら／彼女らの起業の経緯、起業に対する考え方、それから実際の起業行動などが、このエフェクチュエーションに当てはまりが良いということに気づきました。

これは、新潟のアントレプレナーたちが熟達しているという意味ではなく、新潟という環境がエフェクチュエーションに基づく行動に類似するものを促した、あるいはこの手の行動を選択せざるを得なかったなどの理由によるものでしょう。第5章の後に掲載している事例からも、新潟のアントレプレナーたちがこのエフェクチュエーションに類似する行動をとっているということが推測できます。

エフェクチュエーションに基づく意思決定プロセス（意思決定の流れ）のことを「エフェクチュアルプロセス」と呼びます。これと比較するものとしてよく取り上げられるのは、通常の合理的な予測（コーゼーション）に基づく意思決定プロセスとしての「コーザルプロセス」です。図表5と図表6では、これらを視覚的に比較しています。[25] コーザルプロセスではまず、見込みアントレプレナーが追求すべき事業機会の設定から始まります。そうすると次に、この事業機会がどの程度の規模なのか（ビジネスになり得る大きさなのか）、ターゲットとして想定する顧客の選好・ニーズ・行動などはどのようなものなのか、といった市場調査を行います。それと同時に、自分にこの事業機会を掴み損ねさせるかもしれないような（自分からこの事業機会を奪っていくような）競争相手は誰なのか、その競争相手はどのような強みや弱みをもっているのか、どのような攻撃が想定されてどう反撃をしていくのか、といった競争相手の分析も行います。これらの分析結果を踏まえてビジネスプラン（事業計画）を立て、このプランを実施するための適切な経営資源とビジネスパートナーを探します。経営を取り巻く環境は常に変わるため、当初考えていたビジネスプランを環境変化に

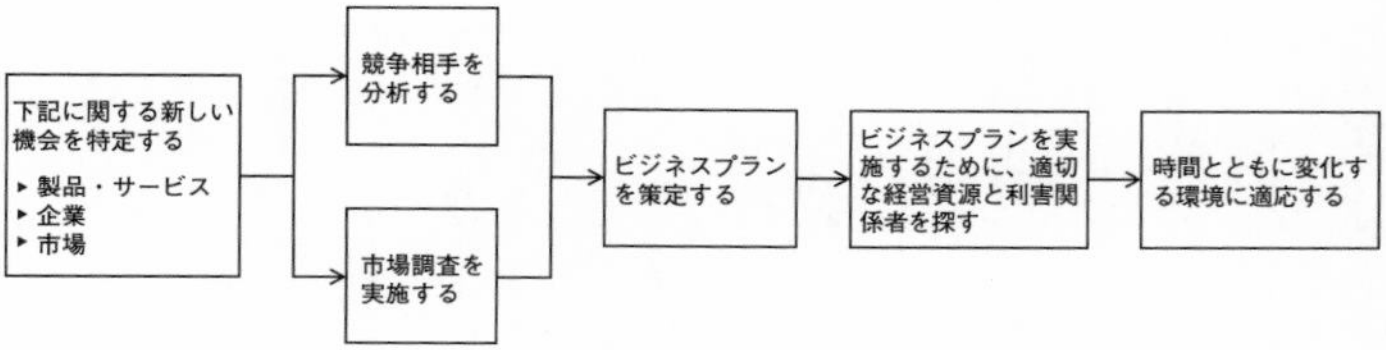

図表5：アントレプレナーの意思決定プロセス：コーザルプロセス[26]

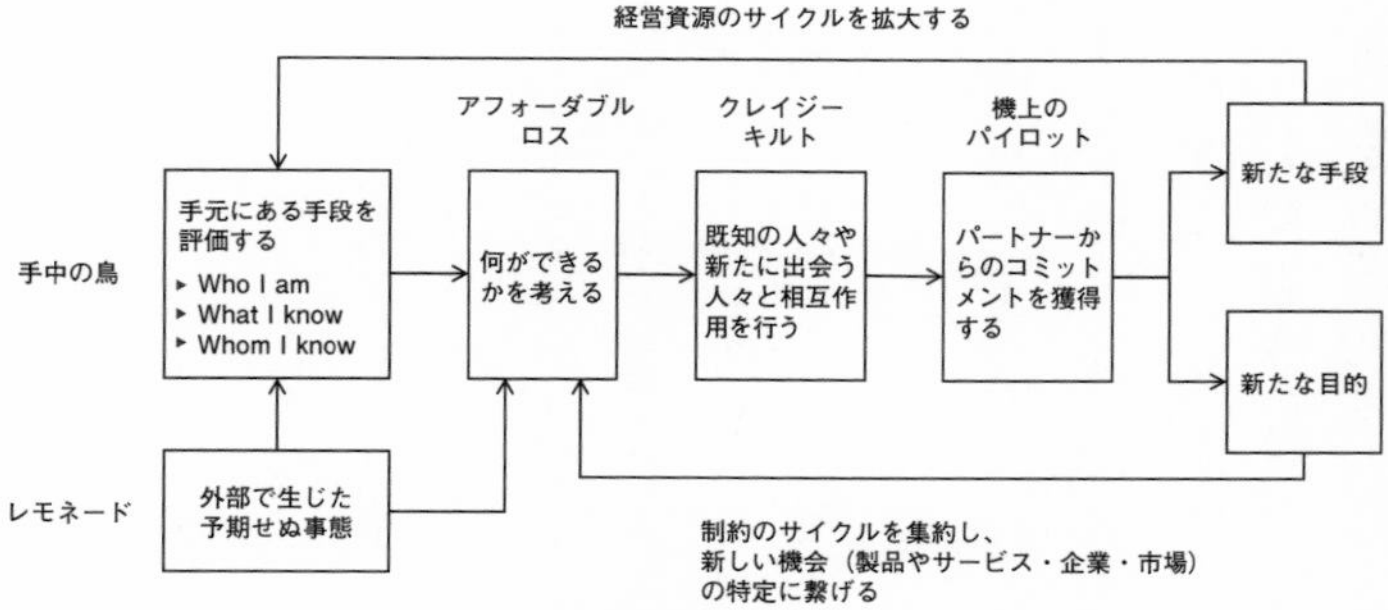

図表6：アントレプレナーの意思決定プロセス：エフェクチュアルプロセス[27]

上手に適応させながら、事業を進めていきます。こうした流れをたどるのが、典型的なコーザルプロセスです。

これに対してエフェクチュアルプロセスの場合には、自身のもつ手段に焦点を当てることから始まり、これらの手段を活用することから到達し得るゴールを考えます。次に、このゴールの追求をいかに進めるかに関して、さまざまな他者と交流し、パートナーを探していきます。交流する他者に含まれるのは、見込みアントレプレナー自身のネットワーク内にいる人々かもしれませんし、ランダムに出会う人々や紹介を通じて出会う人々かもしれません。これらの他者の中には、見込みアントレプレナーによる起業努力に参画したいと声をかけてくる人々も含まれているはずです。そういった人々の中から、ゴールを達成することに利害関係を有するであろう人々を探します。ここでのポイントは、この手の潜在的な利害関係者の全員がパートナーになるわけではないということです。重要なのは、自己選抜、すなわち自ら進んでコミットメントを示してくるような利害関係者と出会えるかどうかです。誰がこうした利害関係者としてのパートナーとなるかについては、見込みアントレプレナー自身が想像したゴールや想定した機会によって決まるものではありません。むしろ、どのようなゴールが設定されどのような機会が創出されるかを見込みアントレプレナーとともに決めていくのが、利害関係者としてのパートナーです。この利害関係者としてのパートナーは、見込みアントレプレナーによる新ベンチャーの創出に二つの影響を及ぼします。[28] 一つは、利害関係者としてのパートナーが見込みアントレプレナーのもつネットワークに加わることで、利用可能な経営資源、知識、繋がりが増えるという「手段の拡張」です。もう一つは「ゴールの収束」、つまり利害関係者としてのパートナーが見込みアントレプレナーによる起業努力にコミットする結果、当初に見込みアントレプレナーのみで想像したゴールが、より目指すことのできるゴールへと洗練されていきます。これらの「手段の拡張」サイクルと「ゴールの収束」サイクルは、何が創造され得るのかについて関係者間でこれ以上議論の余地がないところまで続いていきます。[29]

図表7：エフェクチュエーションの5原則

原則の名称	内容
「手中の鳥」原則	想像した目的（end）の達成を目指す上で、自身が利用可能な手段（mean）を用いる
「アフォーダブルロス」の原則	「自身が失うのを厭わないこと（許容可能な損失）は何か」を見積もる
「レモネード」の原則	不測の事態を「機会」だと捉える
「クレイジーキルト」の原則	「自己選抜」を重視しながら、パートナーシップのネットワークを構築する
「機上のパイロット」の原則	自身のアクションが最終成果へと直接的に影響を及ぼすような活動に焦点を絞る

本章では以下、前章で示したエフェクチュエーションの5原則について、やや踏み込んで説明します（図表7を参照）。

どうスタートを切るか

エフェクチュエーションの見方に立つと、見込みアントレプレナーはまず現在の手持ちのカード、つまり現在どのような手段を手にしているかを調べ、これらの手段を使って到達する可能性のあるいくつかのゴールを思い描きます。見込みアントレプレナーがもつ手段は三つに分類され、それらは「Who I am」「What I know」「Whom I know」に要約されます。一つめは個人的特性、趣向、および能力について、二つめはこれまでに受けた教育、訓練、および専門的知識を指しています。また、見込みアントレプレナーが有する社会的ネットワークや職業的ネットワークが三つめです。

コーザルプロセスの場合は、最初にゴールを設定し、そのゴールを達成するための計画をつくり、実行に移します。エフェクチュエーションの場合には、詳細な計画づくり（プランニング）よりもアクションを優先します。アクションを優先して進めることで、見込みアントレプレナーが当初もっていた手段の集合とそこからもたらされ得る帰結の集合は変化し、再編成されていきます。その結果、最終ゴールへと到達するための、当初とは異なる独特の経路が出現する可能性が高まります。

そのため、エフェクチュエーションの場合には、利害関係者としてのパートナーは単に計画の実行を後押ししてくれる相手ではなく、ともに機会を創造していく相手となります。また、計画通りに事が進まないような思いがけない事態が生じたとしても、エフェクチュエーションの場合には、こうしたサプライズは積極的に活用する対象となります。

このような、手持ちのカードから起業プロセスをスタートするという原則のことを「手中の鳥（birds in hand）の原則」と呼びます。

投資をどう考えるか

起業の意思決定には、多かれ少なかれリスク感覚が伴います。たとえば、ある人は「起業した場合のリターンと企業などに勤めた場合のリターンを比較してどちらのほうが得るものが大きいか」という観点から、起業をするか否かを検討するかもしれません。

この手のコーゼーション発想の場合には、見込みアントレプレナーは機会を見つけるための市場調査に比較的多くの時間を割いたり、割引現在価値（net present value）やリアルオプションなどの技法を用いて[30]最善の選択をなそうとします。これらの技法を用いるためには、見込みアントレプレナーは不確実な未来を予測するためのさまざまなデータが必要となります。しかしほとんどの場合、必要なデータそのものは入手可能ではなく、他の近似的なデータで代用するしかありません。

これに対して、エフェクチュエーション発想の場合には、見込みアントレプレナーは「アフォーダブルロス（許容可能な損失）」を考えます[31]。アフォーダブルロスの発想のもとでは、可能性のある利得を予測するのではなく、失うことを厭わないものは何かということに焦点を当てることになります。そうすることで、見込みアントレプレナーによる意思決定は自身のコントロール下にある諸環境に基づくスタイルとなり、ひいてはプランニングにかける時間は少なく済む可能性が出てきます。見込みアントレプレナーは手元にあるすぐそばの環境に関しては、手中にない遠い環境について考える場合とは違って、その内容を知っています。そのため、失うのを厭わないものがどの程度なのかを見積もることは、つまりアフォーダブルロスの計算は、比較的素早く行うことができるでしょう[32]。

このような、将来的に手にし得る利得の予測ではなく、「起業を通じて何だったら（どこまでだったら）失うのを厭わないか」に基づきながら起業プロセスにおけるリスク感覚を捉えることを「アフォーダブルロス（affordable loss：許容可能な損失）の原則」と呼びます。

他者とのパートナーシップをどう捉えるか

アフォーダブルロスの原則では、見込みアントレプレナーの手中にある手段のうち、どの範囲までであれば失うのを厭わないのかという点が示されました。他者とのパートナーシップは、見込みアントレプレナーがもつ手段を拡張することに繋がるため、その意味でアフォーダブルロスと密接な関係にあります。

予測を基礎とするコーゼーションの場合には、見込みアントレプレナーが事前に選択したゴールに照らし合わせて、ターゲットとすべき特定の利害関係者を巻き込むために広範なプランニングや調査を行います。これに対してエフェクチュエーションの場合には、見込みアントレプレナーはすでに知っている人々、あるいはコンタクトが取れるようになった多様な人々との交流に素早く着手します。

こうした他者との交流そのものについては、エフェクチュエーションのみに独特のものではありません。コーゼーションの場合においても、遅かれ早かれ他者との交流に踏み出すはずです。見込みアントレプレナーが自身のビジネスアイデアを正当化するのを探求し、利害関係をもつパートナーからのコミットメントを確保しようとすることは、どの方法論をとろうと起こり得る話です。エフェクチュエーションにおける他者との交流が他と決定的に違うのは、見込みアントレプレナーが利害関係をもつパートナーの「自己選抜」の可能性をつくるよう探求するという点です。

エフェクチュエーションを通じて出会いたいパートナーは「スキン・イン・ザ・ゲーム（skin in the game）」という特徴をもっています。スキン・イン・ザ・ゲームとは、自分の発言や行動に自らリスクを背負っているという意味です。エフェクチュエーションでは、そのような特徴を備えた相手こそがパートナーであるとみなされます。こうした相手は、見込みアントレプレナーのアイデアを協働して起業へ至らせることに対し、事業機会を見ています。見込みアントレプレナーがエフェクチュエーションにしたがう場合、多くの他者との繋がりを得ていく可能性があります。その中でも特に、起業がはらむリスクを共有すると同時に、起業の成功から享受する便益も共有するような相手のみが、エフェクチュエーションにおけるパートナーです。[33]

このようなパートナーとの関係は、見込みアントレプレナーが利用可能な手段を増加させるとともに、最終成果を共創する（co-create）ようなものであったほうが望ましいとされています。[34]この手のパートナーの代表例は「リードカスタマー」です。[35]リードカスタマーは、将来的な顧客でありながら、見込みアントレプレナーによる起業努力に巻き込まれることを好むような、冒険心のある（venturesome）顧客です。見込みアントレプレナーがオファリングを開発して顧客ニーズに合うよう調整することに関して、リードカスタマーは相当な時間・金銭・労力を投じながら共創しようとします。簡単に言うと、リードカスタマーは最初のオファリングを共創し（あるいは助言、共感、賛同、応援し）、かつ自身が最初の顧客にもなってくれるような相手のことです。

マーケティングの分野では「プロダクトライフサイクル」と呼ばれる考え方があります。これは、ある製品が新製品として売り出されて以降にどのような一生涯を辿るかを一般化したものです。製品は一般に、新発売された当初（導入期）から急に多くの人が購入し始めることはなく、最初は一部の人しか買ってくれません。しかし、次の「成長期」に入るとだんだんと多くの人が買い始め、その後ピークを迎えると今度は次第に売れなくなり（成熟期）、ついにはほとんど新しい購入はなくなってしまい（衰退期）、最終的には市場での販売を終えます。製品にこのような一生涯が生じるのは、その背後にさまざまなタイミングで購入する顧客がいるからです。新製品を誰よりも先に購入しようとする顧客もいれば、どちらかというと平均よりも早めに購入する新しいもの好きな顧客もいます。多くの人々がその製品をもつようになってから、ようやく自分も購入しようという顧客もいます。さらには、何らかの理由でいつまでも購入しようとしない人々もいます。

リードカスタマーは、この中でも最も初期に購入する顧客（「革新者」と呼ばれます）の中にいます。具体的には、リードカスタマーは、革新者の中でも特に、その製品が解決することのできる問題を他のどの顧客よりも先に経験してはいるものの、その問題に対しての自分なりの解決案をまだ見出していないような潜在的顧客です。見込みアントレプレナーは、自身の製品やサービスを市場導入する前に、あるいは市場導入後であっても変更が利くうちに、このリードカスタマーと出会いたいところです。

リードカスタマーを見つけるには、見込みアントレプレナーは自身のネットワーク（パートナーによって拡張されたネットワークも含む）をくまなく探索するべきでしょう。たとえば、勉強会への参加、ミートアップでのプレゼンテーションやピッチ、その他さまざまな他者との交流が役に立つかもしれません。

スキン・イン・ザ・ゲームの特徴をもった利害関係者としてのパートナーやリードカスタマーといった他者と繋がるためには、注意深く周囲を見ることが必要です。関与する意思のあるあらゆる人々と交渉しようと意識し、その中から見つけるべきパートナーやリードカスタマーを手繰り寄せていきます。こうしたスタンスでのパートナーシップの構築のことを「クレイジーキルト（crazy-quilt）の原則」と呼びます。

思わぬ出来事にどう対処するか

起業において「思わぬ出来事」に直面することは付き物です。たとえば、予期せぬ相互作用（他者との思いがけない交流）、予期せざる事象、予期せざる情報などが挙げられます。これらは、良くも悪くも「サプライズ」のようなもので、さまざまな対処の仕方が考えられます。

コーゼーション発想の場合には、サプライズができるだけ起こらないように、分析に基づいて詳細なプランニングを行います。たとえば、時間をかけて全方位的なビジネスプランを立てて実行に移します。その背後にあるのは「不確実性が増すにつれて、自身の置かれた状況の変化をより高度に分析して正確に予測しようとするアントレプレナーは、そうしないアントレプレナーよりもアウトパフォームする（高い業績を出す）」という見方です。見込みアントレプレナーは、既存の知識を活用することによって、予期せぬ事象を回避しようと努めます。

一方、エフェクチュエーション発想の場合には、サプライズを機会として扱い、思いがけず直面した状況をうまく制御することで活用しようとします。たとえば、ある見込みアントレプレナーが、レモンを仕入れて販売するというビジネスを考えたとします。もし、慎重に選んで仕入れたレモンがどれも売り物にならないくらい酸っぱいものだったとしたら、どう対処するでしょうか？　このサプライズに直面した場合、見込みアントレプレナーは「ビジネスそのものを考え直す」という形で対処するかもしれませんし、レモンの販売ではなくレモネードの販売に変更する（レモンをジュースにしてしまえば酸っぱさの問題が緩和されるため）という対処法もあるかもしれません。エフェクチュエーションにしたがう場合は、後者（レモネードにしてしまう）のような方法でサプライズを活用します。

エフェクチュエーション発想における思わぬ出来事への対処の仕方は、こうした例から「レモネード（lemonade）の原則」と呼ばれています。

将来をどう見るか

ここまでに紹介してきたエフェクチュエーション発想の四つの特徴（手中の鳥の原則、アフォーダブルロスの原則、クレイジーキルトの原則、レモネードの原則）には、それらを横断する世界観があります。それは「未来は発見されるものでもなく、予測されるものでもない。アントレプレナーやそれに関与する他者（利害関係者としてのパートナー）によるアクションを通じて、将来は創造されていく」という世界観です。

コーゼーションの見地に立つと「将来というものは、予測できる範囲において、われわれはそれをコントロールすることができる（To the extent that we can predict the future, we can control it.)」ということになります。つまり「将来をコントロールするために将来を予測しようとする」という見方です。コーゼーションの場合、「将来の予測」を重視します。

一方、エフェクチュエーションの場合には「将来というものは、コントロールできる範囲において、われわれはそれを予測する必要はない（To the extent that we can control the future, we do not need to predict it.)」という考え方になります。つまり「将来はそれに関与する主体によって創られていく」という見方です。この場合、重視しているのは「将来のコントロール」です。[36]

このようなエフェクチュエーションの世界観は、不確実な状況の中でも変化に応じて臨機応変に対応するという意味で「機上のパイロット（pilot-in-the-plane）の原則」と呼ばれます。

第4章　注

25　次の研究において、エフェクチュエーションとコーゼーションのプロセスの違いが思考実験などを通じて詳細に説明されています。

Sarasvathy, S.D. (2001). Causation and effectuation: Toward a theoretical shift from economic inevitability to entrepreneurial contingency. *Academy of Management Review*, 26(2): 243-263.

26　次の研究を参考にしながら、筆者が一部改変。

Wiltbank, R., Dew, N., Read, S., and Sarasvathy, S. (2006). What to do next? The case for non-predictive strategy. Strategic Management Journal, 27(10), 981-998.

27　次の研究を参考にしながら、筆者が一部改変。

Sarasvathy, S., Kumar, K., York, J.G., and Bhagavatula, S. (2014). An effectual approach to international entrepreneurship: Overlaps, challenges, and provocative possibilities. Entrepreneurship, Theory and Practice, 38(11): 71-93.

28　複数の研究において、こうしたエフェクチュアルプロセスの二重のフィードバック効果について説明されています。たとえば次の研究では、国際化の文脈におけるアントレプレナーシップ（国際アントレプレナーシップ）に関して、エフェクチュアルプロセスとそのフィードバック効果に言及しています。

Sarasvathy, S., Kumar, K., York, J.G., and Bhagavatula, S. (2014). An effectual approach to international entrepreneurship: Overlaps, challenges, and provocative possibilities. *Entrepreneurship, Theory and Practice*, 38(11): 71-93.

29　次の研究では、エフェクチュエーションに基づいた意思決定を行うアントレプレナーとそうでないアントレプレナーの間にパフォーマンス上の違いがあるかについて、メタアナリシス（Meta-Analysis：メタ分析）を用いて調べています。分析の結果、これらの間には正の関係が見出されています。なお、メタアナリシスとは、同様の仮説を異なるサンプルを用いて分析したさまざまな定量的実証研究そのものを一つのデータとして扱い、それらをメタレベルで統合的に分析にかけ、母集団における真の関係を探ろうとする手法です。これに対して、定性的な研究（質的な研究）を統合する手法も提案されており、それはメタシンセシス（Meta-Synthesis：メタ統合）と呼ばれます。

Read, S., Song, M., and Smit, W. (2009). A meta-analytic review of effectuation and venture performance. *Journal of Business Venturing*, 24(6): 573-587.

30　ビジネスにおけるファイナンスの知識に関しては、次の書籍で体系的にまとめられています。

リチャード・A・ブリーリー、スチュワート・C・マイヤーズ、フランクリン・アレン著（藤井眞理子、國枝繁樹訳）（２０１４）『コーポレート・ファイナンス〔第10版〕』日経ＢＰ社
砂川伸幸（２０１７）『コーポレート・ファイナンス入門〔第２版〕』日経文庫
野口悠紀雄（２００４）『ビジネスに活かすファイナンス理論入門』ダイヤモンド社

31　たとえば次の研究のように、アフォーダブルロスの重要性を指摘した研究は多くあります。

Chandler, G.N., DeTienne, D.R., McKelvie, A., and Mumford, T.V. (2011). Causation and effectuation processes: A validation study. *Journal of Business Venturing*, 26(3): 375-390.

32　Sarasvathy, S., Kumar, K., York, J.G., and Bhagavatula, S. (2014). An effectual approach to international entrepreneurship: Overlaps, challenges, and provocative possibilities. *Entrepreneurship, Theory and Practice*, 38(11): 71-93.

33　Chandler, G.N., DeTienne, D.R., McKelvie, A., and Mumford, T.V.(2011). Causation and effectuation processes: A validation study. *Journal of Business Venturing*, 26(3): 375-390.

34　価値を共創する（価値共創：value co-creation）という概念については、次の書籍を参照。

C・K・プラハラード、ベンカト・ラマスワミ著（有賀裕子訳）（２００４）『価値共創の未来へ：顧客と企業のCo-Creation』武田ランダムハウスジャパン
C・K・プラハラード、ベンカト・ラマスワミ著（一條和生監訳、有賀裕子訳）（２０１３）『コ・イノベーション経営：価値共創の未来に向けて』東洋経済新報社

また、価値共創はマーケティング論においても「サービスドミナントロジック」という考え方とともに研究されています。

このことについては、次の書籍を参照。
ロバート・F・ラッシュ、スティーブン・L・バーゴ著（井上崇通監訳、庄司真人、田口尚史訳）（２０１６）『サービス・ドミナント・ロジックの発想と応用』同文舘出版
村松潤一（２０１５）『価値共創とマーケティング論』同文舘出版

35　次の書籍では、エフェクチュエーションに基づいてベンチャーマーケティング（アントレプレナー向けのマーケティング）が説明されています。
Nijssen, E.J. (2017). *Entrepreneurial Marketing: An effectual approach*, New York: Routledge.

36　ここでのコーゼーションとエフェクチュエーションにおける世界観の対比については、次の研究を参考にしています。
Sarasvathy, S.D. (2001). Causation and effectuation: Toward a theoretical shift from economic inevitability to entrepreneurial contingency. *Academy of Management Review*, 26(2): 243-263.

第5章　アントレプレナー的探索

起業にあたって、私はメモ帳を携えてさまざまな立場の方とお会いし、ご指導をいただきました。上場企業の役員、労働組合の三役、健康保険組合の役員、大学の教授、官公庁の要職、国会議員など、今考えると怖いもの知らずで本当に多くの方々のところへ飛び込んでいきました。

起業をする際は必ず大きな壁が立ちはだかり、必ず前のめりになります。新しいことを始める起業家は、一心不乱に事業化を目指すため、自分のサービスや事業が正しく素晴らしいものであると信じて止みません。しかし、将棋の世界に「四隅の香車を見る」という言葉があるように、どのようなときも冷静かつ大局的に俯瞰して物事を見極めるためには、自分とは違った視野をもつ他者からしっかりと軌道修正をしてもらうことも大切なのです。

応援してくださる方、賛成だけしてくださる方も大切です。しかし私は、疑問や否定や反対意見を率直に伝えてくれる方が見つかったら、しがみついて離してはいけないと思っています。

経験・知識・人脈について共通して言えるのは、自分が（あるいは自分に応援や賛成といった肯定だけしてくれる人が）必要だと思っていたものよりも、異なる目線をもった他者から必要だと教えてもらった経験・知識・人脈のほうが、大変参考になるということです。

木村大地（株式会社アイセック・代表取締役）

問題解決パースペクティブ

機会信念が形成されてアントレプレナー的アクションに踏み出した見込みアントレプレナーは、どのようにして優れた問題解決策を探索するのでしょうか？　前章ではミクロな視点からエフェクチュエーションの5原則を説明しましたが、本章ではもう少しマクロな視点に立ち、見込みアントレプレナーがある問題に対する高価値の解決策を探索していくという「アントレプレナー的探索(entrepreneurial search)」のダイナミクスを鳥瞰的に捉える理論について説明します。見込みアントレプレナー自身の視野の中にある探索の様子を説明するのではなく、より広い視野をもった第三者の立場から、見込みアントレプレナーたちが探索している様子を説明します。なお、以下では「見込みアントレプレナー」という用語の中に、「個人」および「チーム」のどちらの意味も含むこととします。

まず、図表8から始めましょう。この図表は、アントレプレナー的探索の基本骨格を描いたものです。下半分には、見込みアントレプレナーが取り組んでいく「問題」が置かれています。先述したように、この問題の設定自体が難しいのですが、ここではその点を乗り越えて問題が定義された段階まできたものとしましょう。見込みアントレプレナーは、この定義された問題に対する望ましい解決策を考え、具現化しようとします。

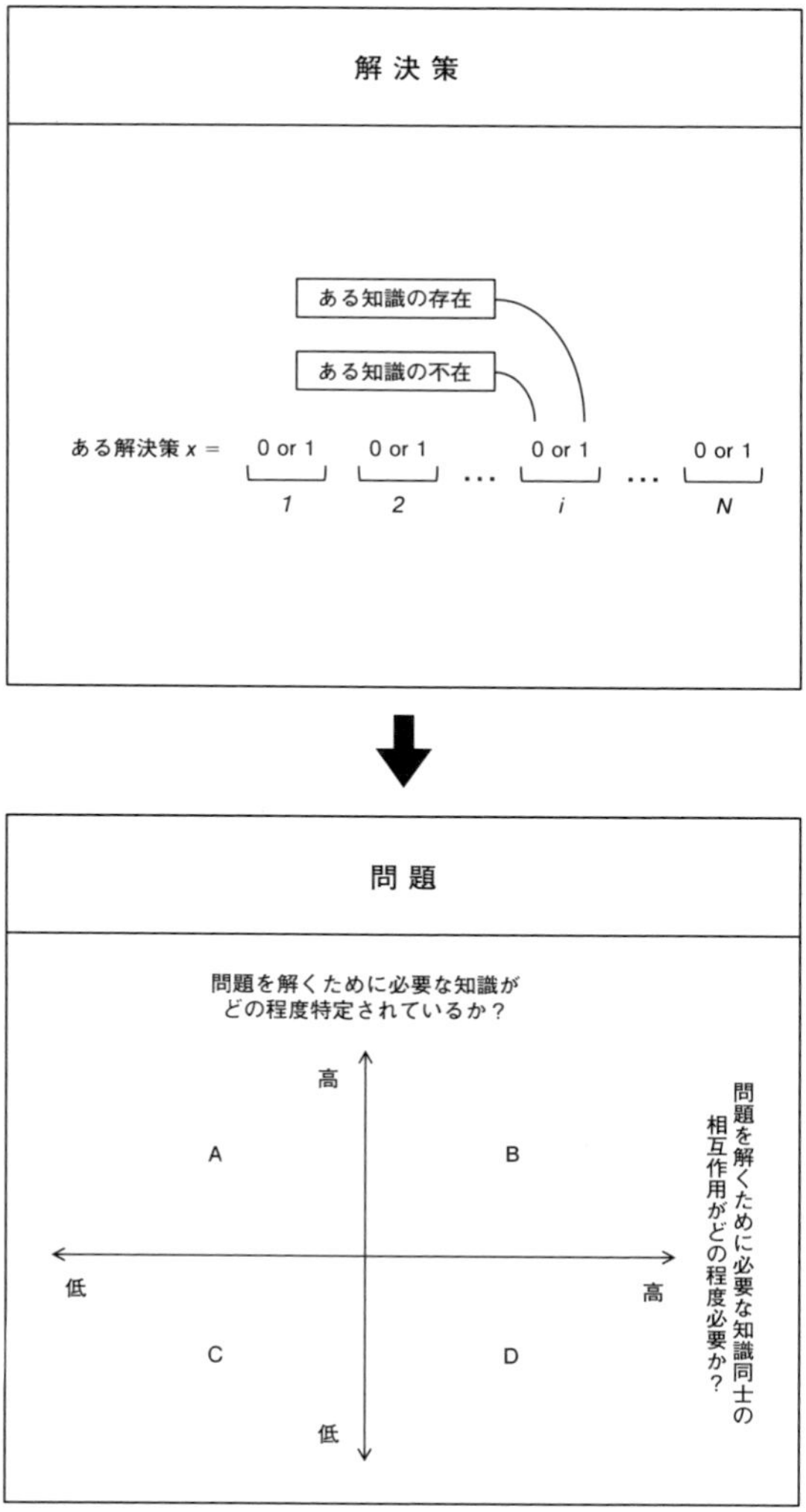

図表8：問題解決パースペクティブにおける「問題」と「解決策」

設定された問題を分析の出発点として、ある個人または組織がその問題に対するより優れた解決策を探していくという様子を理論的に捉えたい場合、アントレプレナーシップ研究やイノベーション研究における「問題解決パースペクティブ」[37]が有用です。問題解決パースペクティブでは、次の4点を基礎に置いています。

①問題に対する解決策は、知識の独特な並びとして表現されること
②見込みアントレプレナーが取り組む問題にはいくつかの種類があること
③問題の種類によって、優れた解決策を探索する上での難しさが変わってくること
④見込みアントレプレナーは、二つの方法を通じてより高価値の解決策を探索しようとすること

以下ではこれら一つ一つについて説明します。

問題解決策をどう捉えるか

問題解決パースペクティブでは、問題に対する解決策を既存の知識の独特な組み合わせとして捉えます。一見したところ革新的な解決策（一般の人々が思いつきもしないような新製品・新サービスなど）であっても、実は多くの場合、すでに存在しているさまざまな知識を絶妙に組み合わせて創られています。[38]

分かりやすい例として、現代のコピー機を発明し普及させたとされるチェスター・カールソン(Chester Carlson)氏を紹介しましょう。彼はなぜ、技術的な発展、ビジネス実務の変化、それから教育分野の変化(たとえば、教育機関の数や卒業生の数の大幅な増加)などが相まって、文書を手軽で綺麗に複写することのできる機械を人々が求めるであろうという機会を認識し、適切な解決策を導き出すことができたのでしょうか。

カールソン氏が成功した理由として考えられるものの一つは、彼が法学と工学の学位を両方もっていて、技術者の仕事と弁理士事務所での仕事を経験したことにあります。これらの経験を通じて、彼は法文書を綺麗に複写したいというニーズと、このニーズを満たすのに使えそうな技術情報を同時にもっていました。さらには、カールソン氏はいったんこの問題(法文書を綺麗に複写するためにはどうすれば良いか)を解決しようと決めて以降、自身の努力を、よく知っている技術やプロセスに制限しました。つまりカールソン氏は、すでに十分にもっている認知的な枠組みへ焦点を絞ることによって、一見したところ個々が独立していて互いに無関係であるような事象や傾向の間に独特の組み合わせ方を見出し、優れた問題解決策を出現させていったのです。

図表8の上半分を見てください。これは、問題解決策が知識の独特の組み合わせとして捉えられるということを、カールソン氏の事例とは別な形で表現したものです。この図の x とは、さまざまな知識のある並びで示される一つの問題解決策を表しています。また、この問題解決策を構成する

知識の数は、N で表されています。それぞれの知識は、0または1の値をとります。N 個の場の並びにおいて、i 番目の場に位置づけられる知識が1の状態をとる場合、それはこの知識が存在する（問題解決策を考える際に見込みアントレプレナーがこの知識を使っている）ことを意味します。一方、0の状態をとる場合には、見込みアントレプレナーがこの知識をもっていない（あるいは使っていない）という意味です。したがって、ある問題に対する解決策がとり得る状態の数（つまり、ある問題に対する解決策の数）は、2^N となります。

それぞれの問題解決策には、それぞれ異なる価値が結びついています。優れた価値の高さをもたらすような解決策もあれば、小さな価値しかもたらさない（あるいは価値が全くなかったり、マイナスの価値をもたらす）ような解決策もあるでしょう。見込みアントレプレナーが目指すのは、より優れた価値に結びついているような「知識の並び（＝問題解決策）」を見出すことです。

そのような優れた問題解決策を探索するには、一般的に二つのポイントがあります。一つは、最も理想的な解決策に到達するためには、それを構成する知識が「使われている（1）」と「使われていない（0）」のいずれの意味においても欠くことなく揃っていなければならないことです。もう一つは、理想的な解決策を探索するプロセスの中では多くの場合、ある知識の状態を変えたとき（たとえば、ある知識の値が0から1へ変化したとき）にはその他の知識の状態も調整される必要がある（つまり、程度の差こそあれ、知識同士の相互作用が必要とされる）ということです。

問題の種類

優れた問題解決策を探索する際の二つの一般的なポイントは、見込みアントレプレナーがどのような種類の問題に取り組んでいるかによって多少事情が変わってきます。今度は、先ほどの図表8の下半分を見てください。アントレプレナーが取り組む問題は、二つの軸によって種類分けされます。[39] 一つは「その問題を解くために必要な知識がどの程度分かっているか（リストアップできているか）」という軸で、もう一つは「その問題を解くために必要な知識同士がどの程度相互作用しなければならないか」という軸です。

一つめの軸（縦軸）において極端に「高」の問題は、たとえば「知識Pと知識Qと知識Rだけがあれば解決することができる」といった具合に、必要な知識がはっきりと分かっているタイプです。同じ軸で極端に「低」の問題の場合は、たとえば「一体どの知識を使えば解決できるのか見当もつかない」のように、必要な知識が全く分かっていないタイプです。

二つめの軸（横軸）において極端に「高」の問題というのは、解決のために必要な知識同士で互いに擦り合わせをしなければ、まとまりのある良好な解決策は生まれてこないような問題です。言い方を換えると、このタイプの問題は、全体を下位問題へと分解することができません。一方、同じ軸で極端に「低」の問題は、下位問題に完全に分解することが可能です。レゴブロックのように、部分部分がしっかりと作り込まれていて、かつインターフェイスが統一されていれば、全体が成立します。つまり、一つ一つの下位問題に対する解決策がそれぞれ明らかになれば、上位にある問題が自動的に解決されていくというわけです。

これら二つの軸を合わせると、見込みアントレプレナーが取り組む問題は4種類に分けられます。これら4種類の問題の中で、最も対照的な組み合わせはAとDでしょう。Aの象限にある問題の場合には、解決策を構成する知識が何であるのか特定されていて、知識同士の相互作用も必要ありません。一方、Dの象限にある問題の場合には、解決策を構築するのにそもそもどのような知識が必要なのかが不明である上、知識同士の緊密な相互作用が求められます。ここで、AとDを両極端なタイプとして位置付け、Aのような問題を「十分に定義された問題（well-defined problem）」、Dのような問題を「不十分に定義された問題（ill-defined problem）」と呼んでおきます[40]。

ソリューションランドスケープ

問題解決パースペクティブでは、知識の数（＝N）と知識同士の相互作用の程度の二つをパラメータとしてN次元ベクトル空間を描き、その中にそれぞれの問題解決策をプロットしていきます。見込みアントレプレナーはその空間の中で、優れた価値を伴う解決策を探索するという壮大な冒険をしていることになります。

この冒険がどれくらい壮大なのかをイメージするために、簡単な計算をしてみましょう。今、世界に三つの種類の知識があるとし、それぞれを知識A、知識B、知識Cと呼ぶことにします。ある問題に対する解決策は既存の知識のさまざまな組み合わせによって表現されるという点を思い出すと、この例の世界には8通りの解決策があり得るということになります（$2^3=8$）。この例の場合、八つそれぞれの解決策の良さ（ビジネスとしての良好さ）について、ビジネスモデルキャンバスの作成や市場調査、プロトタイプの構築とテスト的な市場導入などを通じて一つ一つ検証していくことは容易です。さらに、知識の種類が四つの場合を考えてみても、解決策は16通り（$2^4=16$）であるため、それぞれの解決策の良さを検証していくことはやはり実現可能です。

しかし、これらの例は極端なものであり、大幅に現実離れしています。そこで、もう少し現実に近いケースを想定してみます。仮に過去1年間で「世界のどこかでおよそ1週間に一つの新しい知識が生まれてた」としましょう。つまり、1年間で60程度の新しい知識が世界中で生まれてたという想定です。そして「新しく生まれたその知識は、すでに存在している知識だけの組み合わせからつくられた既存の解決策の価値に対して、何ら影響を及ぼしてはいない」と仮定します。新しく生まれた知識のみに関して、それらの組み合わせによって表現されるあらゆる解決策の中から最善のものを見つけ出そうとすると、60種類の知識の組み合わせをすべて検証しなければなりません。この場合の解決策は、2^{60}通りあります。ここまでの内容で、すでに現実をかなり単純化した仮定が二つ登場しています。すなわち、「世界中で1年間に新しい知識が60程度しか生まれなかったこと」および「新たな知識は既存の知識に何ら影響しなかったということ」の二つです。ここでさらに、極端な仮定を一つ追加します。それは、私たちが1秒間に二つの「知識の組み合わせ」の良さを検証することができるという仮定です。このスピード感は到底現実的ではありません。確かに、先述のような解決策が8通りや16通りのケースと比べると、この2^{60}通りのケースは現実に近づいているかもしれません。しかしそれでもなお、現実離れした仮定がいくつも置かれています。そうであるにもかかわらず、すべての解決策の良さを検証しようとすると、2^{60}= 1,152,921,504,606,846,976秒、つまり約36,558,901,085年（約365億年以上）もかかってしまいます。[41] いくつもの単純化した仮定を置いた計算であっても、起業家による冒険がどれほど壮大なものであるかがよく分かります。

こう考えると、前向きな人は「この冒険に挑戦しない理由はない」と思うでしょうし、やや後ろ向きな人は「挑戦しないほうが無難だ」と思うかもしれません。いずれの感想をもつにせよ、とにかく見込みアントレプレナーは、多かれ少なかれ無謀な冒険に出なければならないように見えます。

しかし、実はアントレプレナーシップ研究においては「上手な迷い方」の基本形がある程度示されています。具体的には、見込みアントレプレナーが取り組む問題の種類ごとに、適切な迷い方（アントレプレナー的サーチ）があるのです。このことを以下で説明します。

問題解決パースペクティブでは、この冒険の様子を理解しやすくするために、図表9のような「ソリューションランドスケープ」と呼ばれる可視化された地形図を用います。これをさらに分かりやすくするために単純化したものが、図表10です。線y上の各地点は、それぞれ異なる問題解決策（知識の独特の並び）を表しています。問題解決策にはそれぞれ異なる価値が紐づいており、その価値の大きさを標高で表します（線yは標高0メートル）。この図表10を立体的に描いたものが図表9です。ソリューションランドスケープ内の山頂は、高価値の問題解決策を表しています。ソリューションランドスケープは、比較的平坦な場合もあれば、凹凸が見られる場合もあります。ある条件のもとでは、特定の地域に高所が集中することで地形図内に大きな富士山のような山が一つ描かれ、平坦な面が目立つようなランドスケープが発生する場合もあります[42]。また他の条件のもとでは、高い山が分散し、凹凸の目立つモンブラン山塊のようなランドスケープが生まれることもあります。

理想的な解決策を探索するプロセスの中で必要とされる知識同士の相互作用が大きければ大きいほど、ランドスケープ内の山頂の数はより多く、かつ散乱するようになります。このような凹凸の激しいランドスケープの場合、高価値の問題解決策（それぞれの山頂）は互いに近接することはありません。つまり、ある問題に対する優れた解決策は一つではなく、甲乙つけがたいような優れた解決策がいくつもあり得るということです。つまり、モンブラン山塊のようなランドスケープです。

反対に、知識同士の相互作用が小さければ小さいほど、ランドスケープはよりなだらかなものと

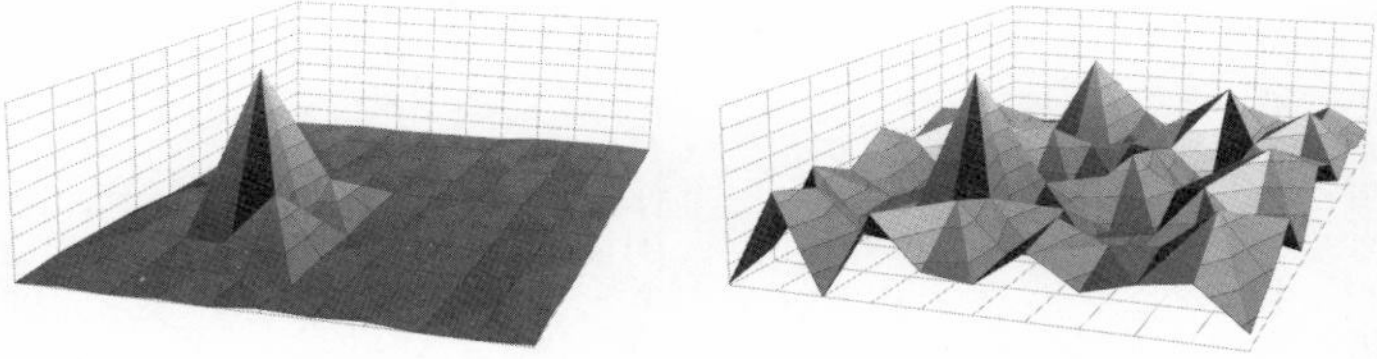

図表9：ソリューションランドスケープ[43]

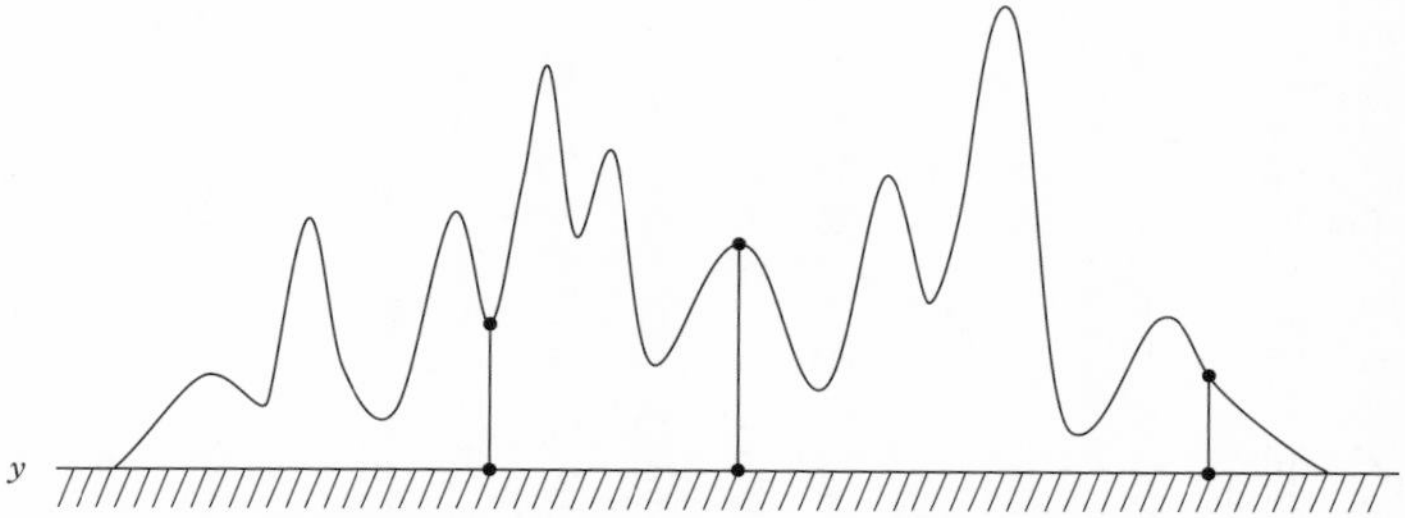

図表10：単純なソリューションランドスケープ

なり、山頂の数も少なくなります。この場合は、高価値の問題解決策は互いに近接する傾向にあります。つまり、ある問題に対する優れた解決策はおおよそ似通った一つのタイプに収束していきます。つまり、富士山のようなランドスケープになります。

見込みアントレプレナーがなだらかなランドスケープの中にいる場合には、高価値の解決策（知識の並び）はある地域にクラスター化している傾向にあるわけです。そのため見込みアントレプレナーは、自身の取り組む問題に対して、単一の支配的な解決策（知識の並び）があるのだろうという推測を立てることができます。

その一方で、見込みアントレプレナーが凹凸の激しいランドスケープの中にいる場合には、ランドスケープの全体像を推測することは困難です。この手のランドスケープの中には、ローカルピーク（ある限られた地域の中で最も高い山頂）が多数あるため、その中でどれがグローバルピーク（ランドスケープ全体の中で最も高い山頂）であるのかを把握するのは容易ではありません。

以上のことを、一つ前に説明した「問題の種類」と照らし合わせると、どのような場合にどういったランドスケープが生まれるのかが分かります。すなわち、見込みアントレプレナーの取り組む問題が「十分に定義された問題」である場合（図表8の下半分の象限A）には、必要な知識が明確で、かつ相互作用もほとんど必要とならないため、ランドスケープの形はなだらかになる傾向がありま す。一方、アントレプレナーの取り組む問題が「不十分に定義された問題」である場合（図表8の下半分の象限D）には、必要な知識が不明確である上、相互作用も多く必要となるため、ランドスケープの形は凹凸が激しくなりがちです。

ソリューションランドスケープ上の探索方法

問題解決パースペクティブでは、高価値の問題解決策を目指してランドスケープ上を探索するための2種類の方法が示されています。[44] 一つはディレクショナルサーチ（directional search）と呼ばれる探索方法で、見込みアントレプレナーが試行錯誤を繰り返しながら高価値の解決策を局所的かつ漸進的に探索する方法です。この方法では、一つ程度の知識の状態を変化させ（たとえば0から1に変える）、結果として生じる解決策の価値の変化を観察します。価値が向上した場合には、さらに他の一つ程度の知識を変化させてさらなる価値の向上を探ります。反対に、価値が低下した場合には、手を加えた知識の状態が見直され、別な知識の状態の変化が試行されます。つまりディレクショナルサーチは、現在地が含まれる、あるいは現在地に隣接する山の頂上へと徐々に移動する探索方法です。この方法が特に有用となるのは、見込みアントレプレナーの取り組む問題が十分に定義されている場合（図表8の下半分の象限A）です。

もう一つの探索方法は、ヒューリスティックサーチ（heuristic search）と呼ばれます。ディレクショナルサーチが局所的かつ漸進的なサーチ方法であるのに対し、ヒューリスティックサーチはランドスケープ内の遠方を目指す方法です。[45] これが特に有用となるのは、知識同士が相互依存関係にあるがゆえにディレクショナルサーチがうまく機能しないような場合です。つまり、見込みアントレプレナーの取り組む問題が不十分に定義されている場合（図表8の下半分の象限D）です。ヒューリスティックサーチを行うためにはまず、見込みアントレプレナーはランドスケープの全体像に対する何らかの「セオリー（全体像を推測するための地図）」をもたなければなりません。このセオリーに基づいて、解決策を構成する知識の状態を大幅に変化させ、ランドスケープ内をジャンプしてまわりながら、高価値の解決策を探し当てようとします。ただし、ヒューリスティックサーチを採用すると最初に下方向への移動が必要となる場合があり、いったんはパフォーマンスが低下することもしばしばあります。

それでは、図表8の象限BやDに位置づけられるような問題（ある部分は十分に、他のある部分は不十分に定義された問題）の場合には、どのような探索方法が適切なのでしょうか？　この手の問題の場合、見込みアントレプレナーはまずヒューリスティックサーチを行うことによって、自らの身を高価値の解決策の近くに置こうとします。象限BやDに位置づけられる問題の場合には、ある程度は、高価値の解決策（高い山）がランドスケープ内の特定の地域に集中する傾向があります。そこで見込みアントレプレナーは、ヒューリスティックサーチによってたどり着いた地点から今度はディレクショナルサーチを行うことで、高価値の解決策を見出す可能性を向上させることができるのです。

ここまでに説明した「問題の種類と探索方法の適切な組み合わせ」をまとめたものが図表11です。ランドスケープ上を探索する際に注意すべきことは、ランドスケープ全体に関するセオリーがうまく立てられない場合には、一部の見込みアントレプレナーは「スティッキングポイント（sticking point：行き詰まり点）」に引きつけられてしまったり、「ローカルピーク（local peak）」に辿り着くおそれがあるということです。[46] スティッキングポイントに引きつけられた場合、手の届く探索範囲

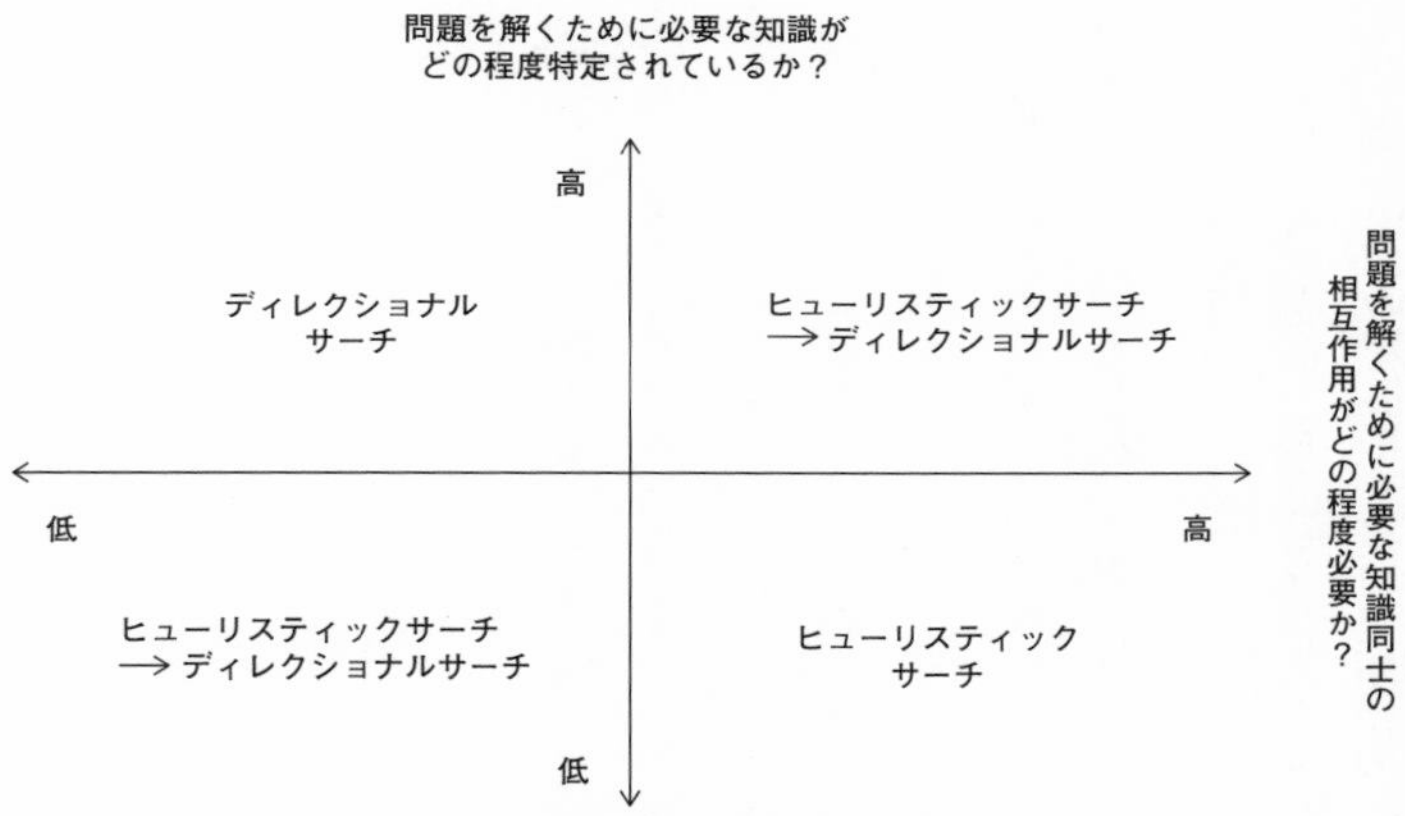

図表11：問題の種類と探索方法

内に今以上に優れた解決策が見つからなくなってしまいます。ローカルピークに到着した場合には、山頂の一つではあるものの、ランドスケープ内には他により高い山頂がまだ残っています。この場合、解決策を構成するどの知識であっても、わずかにでも変化させるとパフォーマンスが低下してしまうという事態に陥ります。

解決策の探索における他者との関係

さて、ここまでの話は、見込みアントレプレナーが無制限に認知能力をもつということを暗黙の前提としていました。仮に、見込みアントレプレナーがそのような力をもっているとすれば、あらゆる知識を吸収して、特定の問題に対するソリューションランドスケープに関する一つのセオリーを構築し、ランドスケープ全体の様子を正確に描いた地図を手にすることができます。しかし実際には、いくら優秀な見込みアントレプレナーであったとしても、知識の獲得・蓄積・応用において限界があるのが通常です。[47]

アントレプレナーとは、既存の問題に対するありきたりな解決策をただ一つ世の中に追加するような存在ではなく、既存の知識を組み合わせつつも、鋭く問題を定義し、かつ従来とは異なる新規性の高い解決策を見出そうという存在です。したがって、見込みアントレプレナーが取り組んでいる（はずの）問題というのは、下位問題へと分解されるような（そして、それぞれの下位問題に対する解決策を合わせれば自然と上位問題の解決策ができ上がるような）ものではないはずです。つまり、図表8の下半分の象限Aに属するような問題ではなく、B、C、Dのいずれかの象限に属する可能性が高いはずです。このことは、見込みアントレプレナーは多かれ少なかれヒューリスティックサーチに従事しなければならないということを示唆します。

先述したチェスター・カールソン氏のケースでは、一人のアントレプレナーの中に異なる分野の知識が同居していました。このようなケースでは、複数の人が集まってチームで起業しようとする場合と比べると、知識同士の相互作用は容易であるはずです。しかし近年においては、情報通信技術（ICT：internet communication technology）の発達やグローバル化の進展、さらには最近の急速なリモート化の進展によって、世界中から距離や境界をまたいで知識を統合したり価値を共創したりすることもできるようになっています。さらには、専門知識はますます細分化され、個々人が以前にも増して自身の得意とする分野へと専門特化しています。こうした背景のもと、現代のアントレプレナーは、必ずしも個人の中に必要なすべての知識を同居させる必要はなくなっています。特定の見込みアントレプレナーが必要とするすべての知識を身につけるよりも、専門特化した多様なパートナーとコラボレートして起業プロセスを進めることのほうが、より望ましい結果に至る可能性を広げられるでしょう。

この点について、問題解決パースペクティブでは「内部知識の多様性（internal knowledge variety：ＩＫＶ）」と「外部知識との距離（external knowledge distance：ＥＫＤ）」という二つの概念を用いて、次のような理論的示唆が得られています[48]。

まずＩＫＶとは、見込みアントレプレナー（個人もチームも含む）のもつ知識がどの程度領域をまたいだものなのかを表す概念です。ＩＫＶが高いということは、ある見込みアントレプレナーが多種多様な知識をもっているということを意味します。逆にＩＫＶが低いということは、特定の専門特化された知識をもっているということです。

見込みアントレプレナーが高度なＩＫＶをもってビジネスアイデアを考える場合には、特定の領域へ焦点を定められずにあちこちに目移りしやすくなり、魅力的な山頂を特定することが困難になります。言い方を換えると、劣った解決策で終了してしまうという「ピークピッキング（peak picking）

の失敗」に陥りがちになります。

反対に、見込みアントレプレナーが低いＩＫＶをもってビジネスアイデアを考えるときには、特定の領域に極端に焦点を当てがちになります。しかし、見込みアントレプレナーにとって馴染みある要素だけを用いて見つけ出すことのできる山頂は、必ずしもランドスケープ内の高所であるとは限りません。つまり、低いＩＫＶというのは、見込みアントレプレナーに過度に局所的な探索を行わせることへと繋がりやすく、「ピークスケーリング（peak scaling）」能力を制限してしまいます。

では、見込みアントレプレナーのもつＩＫＶが中程度の場合はどうでしょうか？　この場合には、先の二つの場合と比べると、ピークピッキングもピークスケーリングもうまく達成できるかもしれません。しかしその一方で、ランドスケープ内のより高い山頂を目指して現在地から遠くへ移動する（ロングジャンプを行う）機会を失う傾向にもあります。中程度のＩＫＶは、低度や高度のＩＫＶをもつ場合よりも、ソリューションランドスケープのより大きな範囲をまたいだきめ細かな探索を助けてくれます。しかしそれでもなお、見込みアントレプレナーは通常何らかの固有の（得意とする）知識や経験をもっているものです。そのため、すべての山頂を等しく探索するのではなく、むしろ一部の山頂へと探索が向かいがちになります。つまり、見込みアントレプレナーが中程度のＩＫＶをもつ場合であっても、「ピークスイッチング（peak switching）」能力が制限されるという難しさがあるのです。

これらの内容をまとめると、ＩＫＶはたとえそれが低度・高度・中程度のいずれであったとしても、見込みアントレプレナーによる探索に対して何らかの困難さをもたらします。ＩＫＶが低度の場合はピークピッキングの失敗、高度の場合はピークスケーリング能力の制限、中程度の場合はピークスイッチング能力の制限といった困難です。この事態に対して見込みアントレプレナーは、ＩＫＶだけでなくＥＫＤ、すなわち外部パートナーの知識をうまく活用することによって、困難の克服を試みることができます。

ＥＫＤとは、見込みアントレプレナー（個人もチームも含む）がもつ知識と、外部のパートナーのもつ知識との間にどのくらい違いがあるのかを表す概念です。ＥＫＤが高いということは、見込みアントレプレナーと外部パートナーのもつ知識が似通っていないということを意味します。反対に、ＥＫＤが低いということは、両者のもつ知識が似通っている（知識の重複が大きい）ということです。

見込みアントレプレナーが、ＥＫＤが低度であるようなパートナーと協力する場合は、ソリューションランドスケープ内で探索を開始するにあたっての魅力的なスタート地点を見つけやすくなります。これは、ＥＫＤが低いパートナーと組むことによって、見込みアントレプレナーが得意とする（精通した）領域に関する知識が増加する可能性があるからです。見込みアントレプレナーにとって馴染みのある領域の中であっても、新たな視座が見つかるかもしれません。そうなることで、局所的な探索が増大し、ランドスケープ内の山頂を増やすことに繋がる可能性があります。
一方、高度なEKDをもつパートナーと協力する場合には、見込みアントレプレナーは自身に馴染みのない領域の中にある新しい視座に晒されることになります。このことは、ランドスケープの遠方を探索し、より高い山頂へ向かうための「セオリー（全体像を推測するための地図）」を得ることに繋がるかもしれません。

「距離」への注目

アントレプレナーが誕生するということは、点的な出来事ではなく時間幅を伴った動的な「プロセス」です。これまで説明してきたように、見込みアントレプレナーは、自身が取り組もうとする問題に対し、それを解決し得る最も高い価値の解決策を探索し続けます。自身のもつ既存の知識と新たな知識を結合させることを通じて、高価値の解決策を探索し、そのことを通じてアントレプレナーに成っていきます。

しかし多くの場合、見込みアントレプレナーは、新しいアイデア、洞察、および専門性を獲得しようとすると、多かれ少なかれ外部の主体に目を向けなければなりません。その際、とりわけ新たな知識へのチャネルとして重要な役割を果たすのは、社会的ネットワークです。[49] しかし、見込みアントレプレナーを含むあらゆる主体はそれぞれ、異なる関心や視座をもち、異なる概念や言語を使用するかもしれません。見込みアントレプレナーと外部の主体の間にあるこうした差異によって、それらの間の知識の結合可能性が阻害されてしまう可能性もあるのです[50]。

この手の差異が比較的小さく抑えられるのは、見込みアントレプレナーと他の主体が地理的に接近している場合です。なぜなら、地理的な接近性によって、社会的ネットワーク内の相互の調整にかかるコストが減少することで、見込みアントレプレナーと他の主体の個人的な接点が増え、ひいては社会的関係が構築されるからです。見込みアントレプレナーはこうした地理的接近性を活用し、新たな知識を探索します。つまり見込みアントレプレナーは、自身の取り組む問題に対する高価値の解決策を探索するにあたって、地理的に限られた範囲でのローカルサーチ（ディレクショナルサーチ）を行う傾向があるということです[51]。しかし理想的には、見込みアントレプレナーが地理的な制約を超えた探索を行うこともできれば、より一層高い価値の解決策を追求しやすくなるでしょう。この場合、地理的な制約を超えた探索とはつまり、ディスタントサーチ（ヒューリスティックサーチ）に該当します。

近接性（proximity）という概念は距離（distance）という概念と表裏一体の関係ですが、アントレプレナーシップ研究ではどちらかと言えば「近接性」の利点を強調してきました[52]。近接性は、見込みアントレプレナーと他の主体の間の知識共有、知識移転、および技術獲得の重要な前提条件としてみられています。

図表12にまとめているように、近接性にはさまざまな種類が含まれますが、多くの場合、不確実性を減らす働きがあります。この働きを通じて、近接性は見込みアントレプレナーと他の主体の間の調整をより容易なものとし、相互的な学習を発生させやすくします。その結果、知識共有、知識移転、知識統合、技術獲得などが促進されます。[53]

その一方で、近接性はロックインの問題を発生させるおそれもあります。これは、見込みアントレプレナーによる高価値解決策のあくなき探索において、オープンさと柔軟性を欠如させてしまうという問題です。近接性のこうした負の側面を踏まえると、見込みアントレプレナーは「距離」を活用する必要もあるでしょう。すなわち「近接していない主体」を活用する必要もあるということです。「距離」と聞くと地理的な距離を思い浮かべがちになりますが、図表13にあるように他にもさまざまな種類に分けられます。[55]

見込みアントレプレナーがより優れた探索を追求するためには、これらの距離で隔たっている「近接していない主体」を、「近接した主体」と同様に活用することのできる環境、すなわち「見込みアントレプレナーが離れた主体との間に（離れた状態のまま）近接性の利点を取り戻すことのできる環境」が必要になると考えられます。

とりわけ、昨今のような「物理的に接近しにくい（対面しにくい）雰囲気」と「物理的な距離を

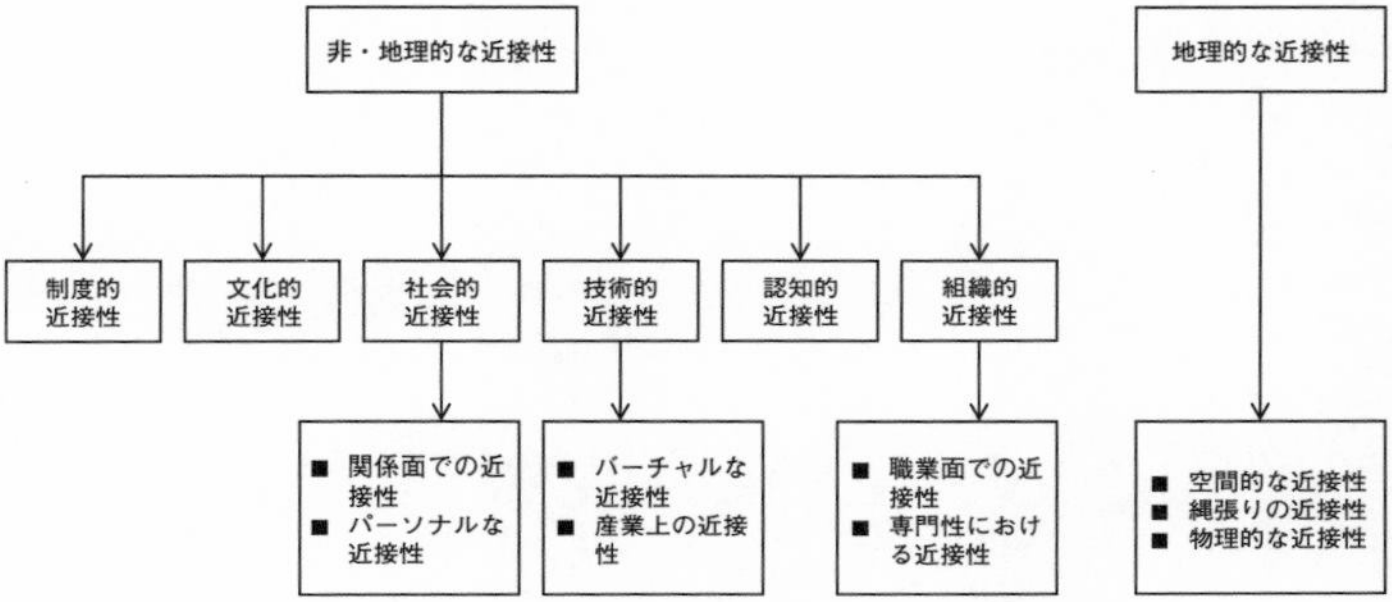

図表12：さまざまな種類の「近接性」[54]

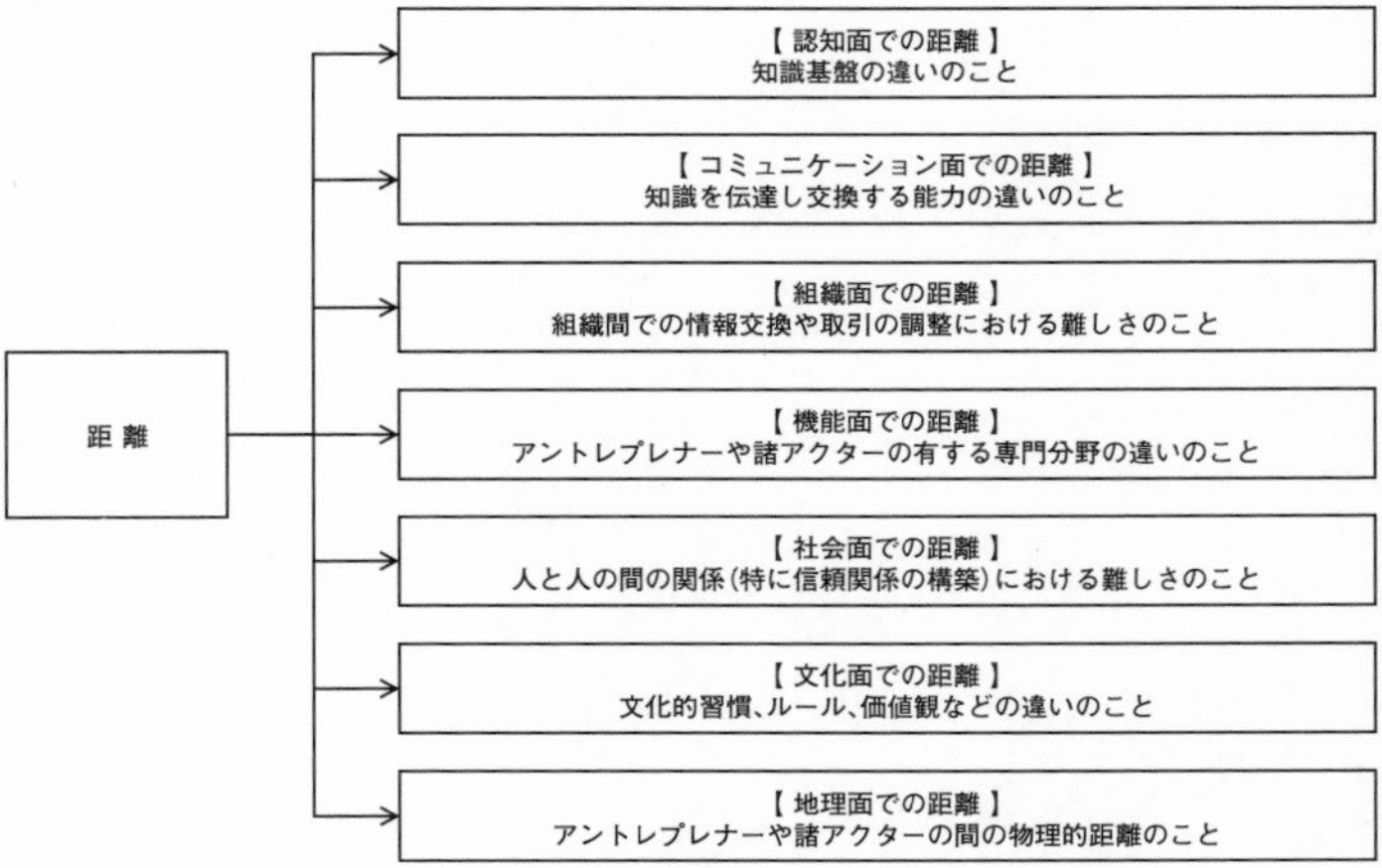

図表13：さまざまな種類の「距離」

越えられる技術」が入り混じっている環境のもとでは、見込みアントレプレナーによるアントレプレナー的探索を良好なものとするためには、近接性と距離の活用戦略が一層求められるでしょう。

第5章　注

37　問題解決パースペクティブを最初に提示したものは次の研究です。

Nickerson, J.A., and Zenger, T.R. (2004). A knowledge-based theory of the firm: The problem-solving perspective. *Organization Science*, 15(6): 617-632.

次の研究でも体系的にまとめられています。

Leiblein, M.J., and Macher, J.T. (2009). The problem solving perspective: A strategic approach to understanding environment and organization. In Jackson A. Nickerson, and Brian S. Silverman (Eds.), *Economic institutions of strategy (Advances in Strategic Management, Volume 26)*, (pp. 97-120). Emerald Group Publishing.

Nickerson, J., Silverman, B., and Zenger, T. (2007). The 'problem' of creating and capturing value. *Strategic Organization*, 5(3): 211-225.

問題解決パースペクティブをアントレプレナーシップ研究に最初に応用した研究は次の通りです。

Hsieh, C., Nickerson, J.A., and Zenger, T.R. (2007). Opportunity discovery, problem solving and a theory of the entrepreneurial firm. *Journal of Management Studies*, 44(7): 1255-1277.

38　新オファリングやイノベーションを既存の知識の新結合として捉える方法は、アントレプレナーシップ研究などにおいて広く使われています。たとえば次を参照。

J・A・シュムペーター著（塩野谷祐一・東畑精一・中山伊知郎訳）（１９７７）『経済発展の理論〔上〕〔下〕』岩波文庫

W・ブライアン・アーサー著（有賀裕二監修、日暮雅通訳）（２０１１）『テクノロジーとイノベーション：進化／生成の理論』みすず書房

Olsson, O., and Frey, B. (2002). Entrepreneurship as recombinant growth. *Small Business Economics*, 19: 69-80.

Fleming, L., and Sorenson, O. (2004). Science as a map in technological search. *Strategic Management Journal*, 25(8-9): 909-928.

39　問題の種類は、「問題の複雑性」と「問題の構造化」によって整理されることもあります。たとえば、次の研究を

参照。

Macher, J.T. (2006). Technological development and the boundaries of the firm: A knowledge-based examination in semiconductor manufacturing. *Management Science*, 52(6): 826-843.

Macher, J.T., and Boerner, C. (2012). Technological development at the boundaries of the firm: A knowledge-based examination in drug development. *Strategic Management Journal*, 33: 1016-1036.

Felin, T., and Zenger, T.R. (2014). Closed or open innovation problem solving and the governance choice. *Research Policy*, 43: 914-925.

40　次の研究で、ノーベル経済学賞を受賞したハーバート・サイモン教授がこれらの問題の種類について言及しています。ちなみに、前章で説明したエフェクチュエーションを考え出したサラス・サラスバシー教授の先生がこのサイモン教授です。

Simon, H.A. (1962). The architecture of complexity. *Proceedings of the American Philosophical Society*, 106(6): 467-482.

Simon, H.A. (1973). The structure of ill structured problems. *Artificial Intelligence*, 4(3): 181-201.

41　この計算例は、次の研究から着想を得たものです。

Matsuyama, K. (1995). Economic development as coordination problems. *No 1123, Discussion Papers*, Northwestern University, Center for Mathematical Studies in Economics and Management Science.

42　実際に「Mount Fuji landscape（富士山ランドスケープ）」などと呼ばれています。

43　次の研究を参考にしながら、筆者が一部改変。

Fleming, L., and Sorenson, O. (2003). Navigating the technology landscape of innovation. *Sloan Management Review*, 44(2): 15-23.

44　これら2種類の探索方法と問題の種類の組み合わせについて、問題解決パースペクティブにおいて繰り返し研究されています。たとえば次を参照。

Hsieh, C., Nickerson, J.A., and Zenger, T.R. (2007). Opportunity discovery, problem solving and a theory of the entrepreneurial firm. *Journal of Management Studies*, 44(7): 1255-1277.

Nickerson, J.A., and Zenger, T.R. (2004). A knowledge-based theory of the firm: The problem-solving perspective. *Organization Science*, 15(6): 617-632.

Macher, J.T. (2006). Technological development and the boundaries of the firm: A knowledge-based examination in semiconductor manufacturing. *Management Science*, 52(6): 826-843.

Macher, J.T., and Boerner, C. (2012). Technological development at the boundaries of the firm: A knowledge-based examination in drug development. *Strategic Management Journal*, 33: 1016-1036.

Fleming, L., and Sorenson, O. (2004). Science as a map in technological search. *Strategic Management Journal*, 25(8-9): 909-928.

45 ディレクショナルサーチは「ローカルサーチ（local search）」、ヒューリスティックサーチは「ディスタントサーチ（distant search）」と呼ばれることもあります。

46 Rivkin, J.W., and Siggelkow, N. (2002). Organizational sticking points on NK landscapes. *Complexity*, 7(5): 31-43.

47 McMullen, J.S., and Shepherd, D.A. (2006). Entrepreneurial action and the role of uncertainty in the theory of the entrepreneur. *Academy of Management Review*, 31(1): 132-142.

48 ここでの議論は、次の研究から着想を得たものです。

Caner, T., Cohen, S.K. and Pil, F. (2017). Firm heterogeneity in complex problem solving: A knowledge-based look at invention. *Strategic Management Journal*, 38: 1791-1811.

49 Leyden, D.P., Link, A.N., and Siegel, D.S. (2014). A theoretical analysis of the role of social networks in entrepreneurship. *Research Policy*, 43(7): 1157-1163.

単なる知り合い同士という意味での繋がりではなく、知識の繋がり（ナレッジ・ネットワーク）の重要性を指摘した研究もあります。たとえば、次の研究を参照。

Wang, C., Rodan, S., Fruin, M., and Xu, X. (2014). Knowledge networks, collaboration networks, and exploratory innovation. *Academy of Management Journal*, 57(2): 484-514.

50　境界をまたいだ場合の知識マネジメントに関しては、次の研究を参照。

Carlile, P.R.(2004). Transferring, translating, and transforming: An integrative framework for managing knowledge across boundaries. *Organization Science*, 15(5): 555-568.

Tell, F., Berggren, C., Brusoni, S., and Van de Ven, A. (2016). *Managing knowledge integration across boundaries*, Oxford: Oxford University Press.

51　Rosenkopf, L., and Almeida, P. (2003). Overcoming local search through alliances and mobility. *Management Science*, 49(6): 751-766.

52　距離を鍵概念とした研究は、国際ビジネス論、グローバル経営戦略論、ミクロ組織論などを中心に進められてきました。たとえば次を参照。

パンカジ・ゲマワット著（スコフィールド素子訳）（２００２）「４つの距離を反映させた海外市場のポートフォリオ分析」『ＤＩＡＭＯＮＤハーバードビジネスレビュー（1月号）』１４３～１５４ページ

パンカジ・ゲマワット著（望月衛訳）（２００９）『コークの味は国ごとに違うべきか：ゲマワット教授の経営教室』文藝春秋

ジェシカ・リプナック、ジェフリー・スタンプス著（榎本英剛訳）（１９９８）『バーチャル・チーム：ネットワーク時代のチームワークとリーダーシップ』ダイヤモンド社

Lojeski, K.S., and Reilly, R.R. (2008). *Uniting the virtual workforce: Transforming leadership and innovation in the 21st century*. Hoboken, NJ: John Wiley & Sons.

Lojeski, K.S. (2009). *Leading the virtual workforce: How great leaders transform organizations in the 21st century*. Hoboken, NJ: John Wiley & Sons.

53　これは「コモンナレッジ（common knowledge：共有知）」が構築されることによります。コモンナレッジについては、たとえば次の文献を参照。

ナンシー・M・ディクソン著（梅本勝博、末永聡、遠藤温訳）（２００３）『ナレッジ・マネジメント5つの方法：課題

解決のための「知」の共有』生産性出版

Srikanth, K., and Puranam, P. (2011). Integrating distributed work: Comparing task design, communication and tacit coordination mechanisms. *Strategic Management Journal*, 32(8): 849-875.

また、コモンナレッジと類似した概念に「トランザクティブ・メモリー（transactive memory：取引記憶）」というものがあります。これは、ある組織の中で「誰が何を知っているか、を知っている状態」のことであり、こうしたメモリーを発生させられるような仕組み（トランザクティブ・メモリー・システム）をつくることでパフォーマンスの高い組織となる可能性が出てきます。たとえば、次の文献を参照。

Ren, Y., and Argote, L. (2011). Transactive memory systems 1985-2010: An Integrative framework of key dimensions, antecedents, and consequences. *The Academy of Management Annals*, 5(1): 189-229.

さらにこれと類似した概念として「グリッチ（glitch）」というものもあります。グリッチは境界をまたいだイノベーションの研究において指摘されるもので、スペシャリスト同士の連携において相手が何をなすことが可能なのかについて互いに知らないがゆえに調整に失敗するという「スペシャリスト同士の関係の不調」を指します。スタートアップの文脈においても、たとえばハイテクベンチャーなどではこのグリッチが生じるかもしれません。グリッチに関しては、次の研究を参照。

Postrel, S. (2002). Islands of shared knowledge: Specialization and mutual understanding in problem-solving teams. *Organization Science*, 13(3): 303-320.

Postrel, S.(2016). Effective management of collective design processes. In F. Tell, C. Berggren, and A. Van de Ven (Eds.), *Managing knowledge integration across boundaries*, (pp.39-56). Oxford University Press.

54　次の研究を参考にしながら、筆者が一部改変。

Kiesler, S. and Cummings, J.N. (2002). What do we know about proximity and distance in work groups? A legacy of research. In Pamela J. Hinds, and Sara Kiesler (Eds.), Distributed work. (pp. 57-82). Cambridge, MA: MIT Press.

55　Lojeski, K.S., and Reilly, R.R. (2008). *Uniting the virtual workforce: Transforming leadership and innovation in the 21st century*. Hoboken, NJ: John Wiley & Sons.

なお、ここでは主にチームマネジメントに焦点を当てて考えた場合の「距離」をまとめています。これ以外に、経営戦略や国際ビジネスにおける「距離」を整理したフレームワークである「ＣＡＧＥ（ケイジ）フレームワーク」というものもあります。ＣＡＧＥのアルファベットはそれぞれ、Cultural distance（文化的距離）、Administrative distance（制度的距離）、Geographic distance（地理的距離）、Economic distance（経済的距離）を表しています。詳しくは、次の文献を参照。

パンカジ・ゲマワット著（スコフィールド素子訳）（２００２）「４つの距離を反映させた海外市場のポートフォリオ分析」『ＤＩＡＭＯＮＤハーバードビジネスレビュー（1月号）』１４３~１５４ページ

パンカジ・ゲマワット著（望月衛訳）（２００９）『コークの味は国ごとに違うべきか：ゲマワット教授の経営教室』文藝春秋

事例 にいがたのアントレプレナーたち②

今井 進太郎（グローカルマーケティング株式会社・代表取締役）
〔主な事業内容〕マーケティング支援事業、人財育成支援事業、トキっ子くらぶ事業

創業時、私は公益財団法人にいがた産業創造機構（ＮＩＣＯ）が運営するインキュベーションオフィスに入居するご縁をいただきました。このことが、アドバイザー、メンター、仲間と出会うきっかけとなりました。

最初は「賃料が安く、しかも万代島ビルの住所が使える」といったメリットだけに惹かれて入居したのですが、当時のインキュベーションマネージャーの方から「個人事業主のまま終わるつもりなら、ここには入居しないほうがいい。事業を成長させて、新潟県にたく

今井 進太郎

GLOCAL
グローカルマーケティング株式会社
地域創造カンパニー

「地域創造」をスローガンに掲げ、新潟県を中心として、全国の中小企業のマーケティング活動を支援している

トキっ子くらぶ会員証

「トキっ子くらぶ」事業は、インキュベーションオフィスから生まれた。現在では、会員世帯数が新潟県で8万世帯以上、全国10万店舗で利用できるネットワークに成長している

さんの雇用を作り出してほしい」と言われ、事業を通じて雇用を創出することを強く意識するようになりました。

また、スタッフの方からは創業者向け補助金情報をタイムリーに提供いただき、活用にあたっての助言もいただきました。そうしたおかげもあり、当時の「にいがたニュー・エジソン育成事業」に採択され、スタートアップのための資金を補助金で賄うことができました。

にいがた産業創造機構の専門家相談では、自身のビジネスモデルをブラッシュアップするとともに、事業推進のヒントを多くいただきました。たとえば、にいがた子育て応援団「トキっ子くらぶ」を立ち上げた際、私は「子育て家庭の会員登録」と「会員証を利用することのできる店舗の登録」をどのようにすれば両立させられるのかについて悩んでいました。店舗の登録を促すために、私はダイレクトメールやFAXDMを企画していました。その企画を専門家に伝えたところ、「新規事業に必要なのは、伝道師だ。自らが伝道師となって、この取り組みに共感を得るべく、自らの足で企業や店舗を訪問してはどうか」と助言され、衝撃を受けました。

この助言を受けて、私は慣れない飛び込み営業を始めました。すると、トキっ子くらぶの趣旨に共感し協力してくださる企業や店舗が増えていきました。会員登録が少なかった当初は、企業や店舗がトキっ子くらぶに登録するメリットは小さい状況でしたが、共感してくれた企業や店舗がトキっ子くらぶを育ててくれたことは間違いありません。「自らが伝道師となれ」という言葉がなければ、トキっ子くらぶは、７万８０００世帯以上の会員登録、県内１２００店舗、全国10万店舗以上で使えるほどの子育て家庭優待カードのネットワークには育っていなかったと思います。

鈴木 博之（株式会社ニイガタ移住計画・代表取締役）
星 亜矢子（株式会社ニイガタ移住計画・取締役）
〔主な事業内容〕飲食・コワーキングスペース事業

起業のきっかけは、新潟出身の鈴木が東京でのサラリーマン生活を送りながら感じた「新潟にUターンしようと思っても、自ら学んできたことが活かせそうな仕事が見当たらないため、Uターンしづらい」という思いです。

起業準備中に感じたのは、新潟には「何かが生まれる雰囲気が少ない」ということと、「立場の違う人同士の繋がりが生まれづらい」ということでした。こうした感覚から、新しい働き方を推奨し、チャレンジする人々が集まる場を提供するための事業として、コワーキ

Sea Point NIIGATA と関屋浜

鈴木 博之（左）
星 亜矢子（右）

ングスペース「Sea Point NIIGATA」を作ることにしました。

鈴木は金融機関での融資営業のキャリアを通じて、新規事業の見方、資金計画の作成、営業力、財務・税務に関する知識をもっていました。しかし、①コワーキングスペース事業の実情に関する知識、②飲食サービスの経験、それから③人的ネットワークについてはその当時もっていませんでした。そのため、次のことを通じて、起業前後に必要なスキルを身につけました。
①コワーキングスペースの事業の実情に関する知識：東京在住中に、新規オープンしたコワーキングスペースに飛び込み、1カ月間インターンとして立ち上げを経験しました。インターンでは、SNS、広報、チラシ配りも行いました。しかし、そのコワーキングスペースを立ち上げた方は、200万円もの投資を行ったにもかかわらず、一人も来客がなく廃業するという結果になってしまいました。そのときに感じたのは、知り合いがいない中で事業を始めてしまうと営業ができないということと、作る前から広報活動を行う必要があるということでした。
新潟にUターンした後にも、コワーキングスペースの手伝いを行いました。マスコミにも取り上げられ、周囲からは良い活動をしているという評価を受けました。しかし、収益面での厳しさと、フリーランスなどの限られた層へ向けたビジネスであったため、事業を継続させる難しさを感じました。
②飲食サービスの経験：「Sea Point NIIGATA」は、海の家をコワーキングス

ペースにするというものです。これにあたって、まず海の家のオーナーを紹介してもらい、起業準備中にアルバイトとして働きました。短い期間でしたが、サービスに関して学ぶ機会を得ました。しかし、起業後の「Sea Po·int NIIGATA」には飲食サービス経験者が少なく、苦労が続きました。人からの紹介を受けながら、バーのオーナーや料理人の方などに関わってもらうことで、起業後も少しずつ飲食サービスのスキルを上げていきました。

③人的ネットワーク：人との繋がりがない中での起業は危険と判断し、まずは新潟での知り合いを1000人増やそうと、さまざまなイベントや会合、ボランティアに参加しました。「Sea Po·int NIIGATA」をオープンする前に開催した改装ワークショップでは、たくさんの方からご参加とご支援をいただくことができました。この人的ネットワークを広げようという取り組みは、思わぬ副産物ももたらしてくれました。起業する前に三度、場の使い方に関するワークショップと懇親会を実施しました。このことを通じて、参加者がコワーキングスペースのどこに魅力を感じているかを知ることができました。また、改装に関するDIYワークショップを10回ほど開催したことを通じて、潜在顧客の声を感覚的に拾い上げることもできました。

起業前、事業構想を伝えても賛同していただける方は少なく、やめておいたほうがいいという意見が大半でした。そのため、事業を始めることを前提としながら、事業やビジョンに可能性を感じていただける方に限定してチームを組み、設計、仕入れ、意見出しをしてもらいました。基本は鈴木が一人で決め、その他はアドバイザーという形のチームづくりをしていました。

起業した直後から順調だったわけではなく、知識不足・経験不足・人手不足など、さまざまなものが足りていませんでした。目の前にいる「Sea Point NIIGATA」という場の可能性を感じてくれる方々（オーナー、飲食関係のパートナー、月額契約をしているフリーランスの方、アルバイト、ボランティア）に頼りながら、サービスを少しずつ向上させていきました。その中でも特に、起業してからおよそ1年後に入社をしてきた星（現在は取締役）の存在は大きいものでした。星の入社によって、スキルの高い人に経営へ参画してもらうことができ、劇的にサービス内容が向上しました。また、大幅なコストカットの方法や、経営者マインドの在り方についても、星から学ぶことができました。星が登場するまでの1年間は、顧客サービスの内容、広報、メニュー表などに手が付かないまま過ぎてしまっていたため、星に参画してもらってようやく第一歩が踏み出せたのです。

思い返すと、起業前後にさまざまなアドバイスをいただくことが多かったのですが、ほとんどが消化しきれず、結果的にそれらのアドバイスに振り回されてしまったことも多々ありました。思うに、口先だけの意見ではなく、想いをもって相手が自らも動いてくれるかどうかが、信頼するに足る相手であるかどうかの重要な判断基準だと思います。

武田　修美（株式会社ＭＧＮＥＴ・代表取締役）

〔主な事業内容〕もの・こと・まちのデザイン

私自身を起業に突き動かしたものは、大きく分けて二つあります。一つは、スタートにあたってのマインドセット。もう一つは、諦めかけたときの再起動です。

まず一つめのマインドセットというのは、自分自身のルーツの紐解きです。私は代々起業家の家系で、祖父は縄屋、父は金型屋、そして私はデザイン会社を営むことになったわけですが、一見したところ異なるビジネスであっても、それぞれに共通点があります。それは、すべて「縁の下の力持ち」のような存在であり、「繋ぐ」ことに関わる物（縄屋）、道具（金型屋）、そして環境（デザイン会社）をつくる存在だということです。私はＭＧＮＥＴを起業したときに、「自分こそが製造業の過去と未来を繋ぐ存在となるにふさわしい」と意気込んだことを覚えています。

そしてもう一つの再起動とは、経営状態の悪化に悩んでいたとき

MGNET

FACTORY FRONT
工場の町のフロントマンになるべく、廃工場をリノベーションして作ったMGNETの社屋

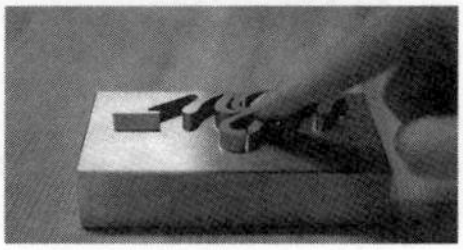

マジックメタル
（製作：武田金型製作所）

武田 修美

に、株式会社スノーピークの山井太会長（当時社長）に話を聞いてもらったことです。悩みを思い切って打ち明けることが、とても恥ずかしく、情けない気持ちになったことを覚えています。それでも意を決して連絡し、時間を割いていただきました。お互いの時間を無駄にしないよう、私自身がごまかさないよう、妻にも同行してもらいました。山井さんからいただいた言葉はシンプルで、「僕のところに来たというその行動だけでもう大丈夫だよ」というものでした。もちろん、この後も懇切丁寧に、私の事業における課題と可能性について助言をしてくださいました。

そういったきっかけを経て誕生したＭＧＮＥＴですが、その後このＭＧＮＥＴの存在価値を決定づけることになったものは、他ならぬ父の会社「武田金型製作所」の「マジックメタル」です。マジックメタルを作ったのは工場長、考案したのは父でした。そして、その必要性を見出して「もっと大勢にこの魅力を届けるべきだ！」と、父と喧嘩をし続けたのが私でした。マジックメタルは、業界では当たり前の既存の生産技術を、業界外の人たちに向けて驚きと喜びとともに届ける魔法の金属です。

このマジックメタルが工場の隅に転がっているのを発見し、その動画をＹｏｕ Ｔｕｂｅに上げたのは２００９年のことでした。それから徐々に話題となり、今も巷《ちまた》を賑わせ続けています。私の知る限り、ここまで話題となった技術は他にありません。そのことに気づいたとき、私は「マジックメタルが気づかせてくれた価値は、多くの製造業を変えるようなサービスになる」と考え、

ＭＧＮＥＴをブランディング事業とともにスタートさせました。

福田　恭子（株式会社クラウドクラフト・代表兼プロジェクトリーダー）

〔主な事業内容〕ものづくりのオンラインオープンクラフトプラットフォーム事業

私の起業の決定打となったのは、株式会社ＭＧＮＥＴの武田代表と、フラー株式会社の渋谷社長（現会長）との出会いです。

もちろん、武田代表も渋谷社長も、もとは私にとって全く知らない方々でした。まず武田さんとの出会いを手繰り寄せるきっかけとなったのは、私自身が学生時代に企画していたセミナーに武田さんをゲストとしてお呼びしたことでした。私にとって最初は、インターネットで「新潟　起業家」で検索するとよく出てくる名前の人、といった遠い存在でした。インターネット記事を調べる中で、武田さんが自分の環境を強みに変えて人生を切り開いてきた方だということを知りました。私は経験談をぜひ聞きたいと思い、ＭＧＮＥＴの

MGNET武田代表と初めて出会ったとき（右）とクラウドクラフトを始めると決意したとき（左）

お問い合わせメッセージから直接連絡をして、当時学生として住んでいた東京から燕三条まで、私費で会いに行きました。

ＭＧＮＥＴに入社した後も、武田さんをメンターの一人として、自分自身がやりたいこと、感じていることを素直に伝えるよう心がけました。私のどのような内容に対してもアドバイスを与えて支えてくれる武田さんに対し、徐々に信頼感が増していきました。それと同時に、おそらく武田さんも「初めてのことにも果敢に挑戦をし続け、素直にぶつかってくるスタッフ」として、心を開いてくれるようになっていったのかもしれません。

渋谷さんに関しては、私が学生の頃に活動をしていたスタートアップ界隈でよく名前を聞く存在でした。ＭＧＮＥＴの事業を通じて初めて本人に出会ったときに、共通の知り合いや経験が多かったことを知りました。私は学生の頃、迷いながらも本当に多くの活動をし、多くの人に会い、さまざまな経験をしようと動き続けてきました。学生時代、私からすると「彷徨《さまよ》っていた」かもしれないと思えるほど動き回っていましたが、そうしたことがあったからこそ、渋谷さんとの共通点を多く重ねることができ、積極的に自分を伝えようという姿勢になれたのだと思います。

武田さんや渋谷さんに限らず、周りの憧れる人たちに対しては、どうすればその方々に繋がることができるのかについて考え、さまざまな「繋がる方法（知り合いの紹介、ＳＮＳからの直接のアプローチ、イベント参加など）」を駆使してネットワークを広げていきました。初対面であっても、自分が何者なのか、何がしたいのか（「何ができるのか」ではなく）ということを相手に伝えました。相手にとって多くの出会った人々の中の一人に埋もれてしまわないように、「福田という面白い人がいた」という印象をもってもらえるように行動を続けました。

近藤 大輔（株式会社テクスファーム・代表）

〔主な事業内容〕気持ちと行動を後押しするデザイン・サービス（広告などの企画、コンテンツ制作と運営業務、企業・店舗における広報コンテンツのコンサルティングと制作業務、フリーペーパーの企画運営など）

近藤 大輔

年に300回以上のフライトで、文字通り全国を飛び回っていた

「東京ばかり見ていないで自分の住む地域にもっと光を当てようよ！」という強い想いで、1998年の創業当初から「COOL LOCAL」を掲げてきました。私はこのスローガンについて、2008年頃から全国的なブームとなった自社ブランド「美少女図鑑」を通じて、一定の達成感を得られました。しかしその後、時間の経過や社会の変化の中で、「COOL LOCAL」という言葉は「地

方創生」や「地域活性化」などの言葉とともに、徐々に一般化していきました。

その一方で、当事業（商標「美少女図鑑」のライセンス提供事業）を20年近く運営したことで、派生的な価値、たとえば「地方に眠る人材の発掘フロー」や「ブランド活用を通じた価値創出」なども顕在化してきました。

そうした中、事業の持続可能性にとっては、強い事業意欲を維持することが欠かせない要素であることを痛感しました。20年近く独自経営（自己資本で役員も実質一人）をしてきたことも、さらなる革新を引き出すのを難しくしている要因だと認識しました。次第に私は「このブランドを次世代にどう繋げるか？」ということへ、思考の方向が変化していきました。

そのような状況下で、先の「派生的価値の顕在化」を活かしたプロジェクトを試験的に実施しました。いわゆる「ピボット」を試みたわけです。これらの実績をもとに、当事業の価値を理解し、かつシナジーを生み出すことのできそうな企業を対象にして、M＆Aの検討を本格的に始めました。そうして２０２０年3月、動画配信プラットフォーム「ミクチャ」事業を運営する株式会社Ｄｏｎｕｔｓに株式譲渡を行いました。

新代表には、Ｄｏｎｕｔｓ新卒入社3年目の24歳の人材を抜擢しました。ミクチャとの連携を軸として、ネット関連施策、地方展開の再始動、在京企業とのタイアップなどを展開しています。新体制の発足からわずか数カ月で、全国44都道府県でのライセンス提供先の開拓を達成しました。ライセンス提供先に新たな収益機会をもたらしながら、力強く再成長を始めています。私は現在、同社取締役として運営支援を進めています。

江口 勝彦（株式会社エンリージョン・代表取締役）

〔主な事業内容〕人材紹介、ヘッドハンティング、採用代行・リクルートプロセスアウトソーシング（RPO）、再就職支援

私が大学在学中に、父（当時ヤマハ発動機に在職）が早期退職制度でリストラに手を挙げました。私はいわゆるロスジェネ（ロスト・ジェネレーション）世代ですが、偏差値の高い大学に入って大手企業に就職するというステレオタイプが通用しないことを身をもって経験しました。その時点で、私にとって大手企業に就職して勤め上げるというシナリオは、すでにありませんでした。

私は新卒で、バスケットボールの実業団選手として東京日産に入社しました。その後、新潟アルビレックスへ移りました。この頃か

熱意ある人材を地域に増やし、
地域そのものを熱く魅力的な
場にしていきたい

江口 勝彦

ら、会社に従属する・帰属するという感覚ではなく、選手という独立した個人事業主の感覚をもち始めました。また、好きなことを仕事にするという経験を重ねることもできました。

それから今度はリクルートに入社しましたが、そのときは企業内でキャリアを築きたいという想いはなく、むしろ新潟での独立起業というテーマに対してどうアプローチするかという思考回路をもっていました。

私は「新潟×人材業界」というキーワードでの起業を決めていました。リクルートでの営業活動も、将来のクライアント探しだと思って取り組んでいましたし、サービスをどう創っていくかを常に考えながら仕事をしていました。私の場合、走りながら実務経験や人的ネットワークなどを獲得していった形です。

リクルートでは営業についての経験を積むことはできましたが、人事に関する実務経験に関してはそうはいかなかったため、営業先としてお付き合いのあった事業会社（地場オーナー企業）へ転職しました。将来的には起業したいという想いを伝えた上での入社でした。経営陣からも信頼を得ることができていました。

そうこうしながら起業のタイミングをうかがっていたときに、リクルートの元上司から「エンリージョンを一緒に創業しないか」との誘いがありました。エンリージョンでは、各都市にあるエンリージョンが加盟グループ同士でパートナーシップを組むという形をとっています。

前職の事業会社は2年間という短期間でしたが、起業にあたって応援してもらえました。エンリージョンの最初のクライアントとなっていただき、融資を受ける銀行も紹介していただけたため、非常にスムーズなスタートに繋がったわけです。

リクルートに入社した頃、私はすでに「新潟×人材」という分野で起業したいことを伝えていました。当時の上司から言われたのは、「心から信頼できる（そして相手からも信頼される）ような経営者を三人つくれ」というアドバイスで、私はその通りにしました。私が転職した事業会社の経営者は、そのような経営者のうちの一人です。そうした経営者の方々は、当時から今に至るまで、エンリージョンにとっての重要なリードカスタマーになっています。

起業を目指す際には、「チャンスは貯金できないので覚悟を決めること」、そして「事前に準備をし尽くすことはできないということを認識して、とにかく行動をすること」が重要です。

金子 専（株式会社コスモツーリスト・代表取締役社長）

〔主な事業内容〕旅行企画・販売・手配、自社商品の造成・販売、他社募集型の企画旅行販売など

私は36歳の頃、実家の会社（お弁当のさがのや）で常務として勤務していました。企業の方にお昼にお弁当を配達して食べていただくために、お弁当を作り、メニューを作成し、仕入れを起こし、

営業先を開拓するという業務をしていました。

そうやって仕事をしながら、以前に東京で大学生専門の旅行会社に勤務していた経験もあったため、「ゆくゆくは地元新潟で旅行会社を経営したい」ということを漠然と考えていました。

実際に旅行会社を起業するにあたっては、手持ちの資金が少なかったため、仲間の会社5社の営業コンサルティングを1年間行い、資金を貯めました。それでも足りなかったため、仲間の会社5社から出資金を募りました。そうしてようやく、旅行会社「コスモツーリスト」を起業することができました。

コスモツーリスト

金子 専

起業にあたって足りていなかったのは資金だけでなく、旅行会社関係者との繋がりも私はほとんどもっていませんでした。しかし、営業のコンサルティングをさせてもらった仲間の会社の中に旅行会社が1社あったため、その会社の従業員の方から旅行関係者をご紹介いただき、少しずつ人的ネットワークを広げていきました。

旅行業はもともと在庫をもたず、また施設などもないため、気をつけるべき点は人件費です。最初は私一人での起業でしたので、金銭的に軌道に乗るまでは人の採用は控えようと心に決めていました。

起業して1年くらいが経った頃に、大学生の卒業旅行のオファーがありました。その頃、コスモツーリストではまだ大手旅行会社（JTB、HIS、日本旅行、近畿日本ツーリストなど）との契約がなく、海外旅行の取り扱いができていませんでした。そこで、JTBへ契約のお願いに出向いたのですが、今はどことも契約していないとのことで断られてしまいました。次は日本旅行。ここもほぼJTBと同じ対応でした。HISは代理店自体の扱いがなく、すべて自社で販売していました。

かなり落ち込んで会社に帰ってきたところ、近畿日本ツーリストの営業の方が偶然、営業に来られました。おそるおそる、代理店契約をしてほしい旨を伝えたのですが、快く受け入れてくださいました。そのときの嬉しさは、今でもよく覚えています。その年、卒業旅行のオファーは前年比200パーセントを達成し、その翌年度からもメインの旅行会社として良好な関係を保っています。

コスモツーリストの顧客の中心は、新潟大学の学生たちです。新潟大学の部活、サークル、ゼミなどの中でも特に、人数の多いテニスサークルの方々からの予約をいただいたことが顧客の増大のきっかけとなりました。口コミが広がっていき、紹介が紹介を生み、顧客の増大に繋がったのです。

ただ、最近の新型コロナウイルスの猛威により、大人数を集めてお金に変換するビジネスは瀕死の状態です。観光業は壊滅的な損害を受けており、旅行業ではしばらく稼ぐことはできません。しかし私は、こういった状況だからこそ自分のもつ独自の強みが何なのかを時間をかけてじっくり棚卸ししました。旅行業で培ってきた経験や知恵、それからネットワークを集結して考えると、私は旅行先やバスでの衛生管理を人一倍徹底してきたことを通じて、多くの実務的知見をもっていることに気づきました。また、私は顧客である何千もの現役大学生や卒業生と長年にわたって付き合っており、彼ら・彼女らとのネットワークという重要な財産をもっています。こうした私のもつ独自の強みに基づいて、衛生管理事業と就職支援事業を立ち上げました。旅行業にとって、新型コロナウイルスの猛威というものは、思いがけない事態です。しかし、これを後ろ向きに捉えるだけでは何も始まりません。今だからこそ、何をすべきか・何をしたいかを考えるチャンスだと思っています。

藤田　献児（株式会社リプロネクスト・代表取締役）

〔主な事業内容〕実写ＶＲ・３６０度コンテンツ制作、オリジナルＶＲゴーグル制作、Ｗｅｂ動画制作、総合Ｗｅｂマーケティング事業

起業にあたって、自ら進んで協力いただける方やアドバイザーに出会いました。新潟信用金庫の木島支店長からは、起業して実績もない状況で取引先をご紹介いただき、複数の案件が決まりました。現在でも年2回ほど、助言をいただいています。

起業当初、ＮＩＣＯ（にいがた産業創造機構）の創業準備オフィ

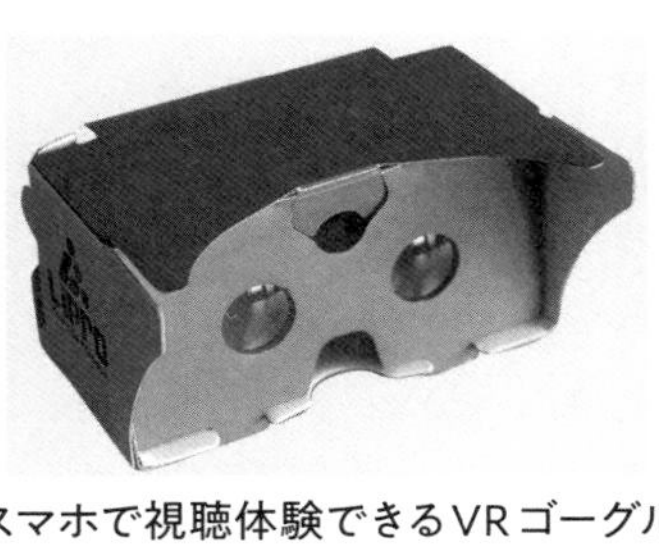

スマホで視聴体験できるVRゴーグル

（リプロネクスト制作）

スに入り、賃料が約5000円のシェアオフィスにいました。そこでは専門家の方から多数の有益なアドバイスをいただくことができ、現在でも補助金や事業計画の検討を進める上での助言を受けています。

また、リードカスタマーにも出会うことができました。以前、警視庁で働くという疑似体験ができるVRコンテンツを制作した経験があります。警視庁は年間1000名以上の採用を行っており、採用活動の中で何に悩んでいるかなどのニーズを知ることができました。また、警視庁の事例を紹介することで、他社からも導入したいという要望が出るようになり、リプロネクストの案件に幅ができました。

こうした経験もあり、私は新しいサービスを提供する際やまだ事例のない業界へアプローチする際には、知り合いの紹介などを辿るようにしています。そして、低価格で（場合によっては無料でも構わないので）仕事をさせてもらい、社内にノウハウを蓄積し、完成後のサービスを実績として紹介していくことによって、案件を増やしていくという方法をとっています。

私は新潟で起業した当初、「地元の人のためにVRやインターネット広告サービスが必要だ」と考えていました。しかし、実際に顧客の声を聞いてみると「そんなことよりも、今リプロネクストで作ってもらっているチラシをもっと安くできないか?」といった相談が多いということが分かりました。私としては、新潟の企業の将来を考えると県外・海外にモノを売る必要があると考えていたのですが、そうするためのサービスを顧客に伝えようとしても、理解をしてもらえずに断られてしまうという事態が続きました。

チラシの印刷などの仕事は、リプロネクストが存続するためには断るわけにもいかず、心の中で「もっと他に良いサービスがあるのに」と思いながらチラシを売り続けるという日々を過ごしていました。そうした中で私は「本当に地域のためになる会社を目指すのならば、他の収益源をもってこないと駄目だ」と考えるようになりました。現在では、東京をはじめとした関東圏の売り上げを増やし、新潟の企業に対しては「断られても良いので、とにかく良いモノを提案する」ことを目指しています。

木村 直人（株式会社トライウェイ・代表取締役）

〔主な事業内容〕地域商社としての貿易業や旅行サービス手配業など

私は大学卒業後、総合商社へ入社しました。時代の流れに合わせて業態や事業を変化させ、常に新しいビジネスを創り出す総合商社に惹かれたことが理由です。およそ11年間そこで働き、その後に香港科技大学ビジネススクールへ留学してＭＢＡを取得しました。ＭＢＡ取得後、故郷の新潟へ戻って「トライウェイ」を起業しました。

なぜ留学先として香港を選んだかというと、21世紀はアジアの世紀であると言われる中、日本の農産物や食品の輸出において香港は長年トップであり、インバウンドという意味でも新潟を訪れるポテンシャルが高く、私の起業アイデア（地域商社としての貿易業や旅行サービス手配業）に結びつきやすいと考えたからです。私のこの選択は結果的に正しかったようで、リードカスタマーとの出会いに繋がっていきました。

香港留学時、友人に紹介してもらった酒蔵の社長から、香港への輸出案件を手伝ってほしいと頼まれました。私は、香港のバイヤーである会社との交渉や、契約締結などのサポートをさせていただきました。その後、交渉の相手方だった香港のバイヤーの会社の社長から、傘下の旅行会社の訪日旅行をアレンジしてほしいという相談を受けました。この香港の会社が、起業後に開始したインバウンド観光の旅行サービス手配業のリードカスタマーとなりました。

新潟にUターンして起業する前後は、故郷への想いから、特に新潟の商品やサービスを外へ向けて売り込みたいと考えていました。

香港で行われた国際旅行博で
新潟のPRを行った

潟チャレ（新潟起業チャレンジ）
表彰式

今でもその気持ちは変わりませんが、一方で、顧客（私の場合は海外のバイヤーや旅行会社）にとっての新潟は日本の中の都道府県の一つにすぎません。それどころか、新潟を知らない外国人のほうが多いかもしれません。実際、インバウンドの旅行の手配依頼をいただいても、新潟以外の地域への旅行の手配依頼がほとんどというジレンマがありました。

「トライウェイ」という会社名は、近江商人の「三方よし」の考えから来ています。ただ、以前の私はどちらかというと売り手に対する想いが強すぎたということを今では認識しており、顧客である買い手の考えや想いも大切にしています。売り手よし、買い手よし、世間よしのバランスを心がけるようにしています。

私は将来のことについて、時間軸を「短期」と「長期」に分け、発生する事象は「トレンド」と「サイクル」に分けて考えるようにしています。大きな意思決定を行う際は、世の中が長期的にどのように動いていくかを見ながら判断するようにしています。たとえば、日本の将来の人口予測というのは長期的なトレンドであり、大きな流れは急には変わりません。一方、株価や為替レートには大きなサイクルがありますし、米中の対立を発端にした保護主義の流れというのもサイクルで、いつか振り子のようにグローバリズムの流れが復活してくるだろうと想定しています。新型コロナウイルスの影響によるデジタル化の流れは世の中のトレンド（世の中がアナログに戻っていくというサイクルは想定しにくい）です。こういった具合に、マクロの大きな流れを把握することを大事にしていますす。その中で、ミクロの細かい事象についての将来予測は難しいという前提に立ち、常に感度を高く保ち、スピード感をもって対応していくよう心がけています。

寺田 和広（新潟亀田 わたご酒店・代表）

〔主な事業内容〕酒類食品販売、イベントの主催・企画など

わたご酒店は「家族で楽しめるまちの酒屋」です。

2017年、私が新潟に戻った当時のわたご酒店は、どこの町にもある、そのうち消えてなくなる風景のような酒屋でした。顧客の多くが年配者であり、売り上げ全体のうち大部分はタバコ（の売り上げ）に依存しているような状態でした。

そうした中、設備投資に回す資金もなく、比較的コストをかけずに活気を表現したいという目的で、イベントを始めました。酒屋のイベントなので、もちろんお酒の販売も行いますが、当店では近隣の若手農家に出店してもらったり、また妻の友人であるフードコー

わたご酒店

寺田 和広

ディネーターの方が新鮮な野菜を調理し提供するといったことも行いました。

わたご酒店は、まちの中では比較的目につく場所にあるため、噂は瞬く間に広がり、月に一度のイベントには多くのお客様が参加してくださいました。酒屋のイベントであるにもかかわらず、参加者の多くは子ども連れの家族で、農産物やソフトドリンクなどの販売が好評となりました。

このイベントから、二つの波及効果が起こりました。一つは、メディアでの露出が増えたことです。メディア関係の方々からの取材も多くなり、記事を見て関心をもってくださった方が加速度的に増えていきました。もう一つは、同じく地元を盛り上げようとしている方々と知り合い、影響を与え合うことのできる関係を構築できたことです。近隣の地域でも地元を盛り上げようとしている方々にお会いすることで、直面している問題やその解決方法の共有など、多くの情報を集めることができました。

イベントを通じてだんだんとわたご酒店の存在が認知されるようになったため、2020年3月には店舗の改装を行いました。改装の目的は、倉庫があった場所を、飲食免許を備えたキッチンにすることでした。イベントへ出店いただいた、妻の友人でフードコーディネーターの天野千尋さんがパートナーとして加わり、ケータリングユニット「FOOD&ETHICAL（フード&エシカル）」として華やかなケータリングやテイクアウトサービスを開始することとなりました。

こうしたことにより、わたご酒店は恒常的に家族が楽しむことのできる空間として生まれ変わることができました。現在では、通常の土日にも多くの家族連れのお客様にご来店いただいています。

室田　雅貴（株式会社Ｒｉｐａｒｉａ（リペリア）・代表取締役ＣＥＯ）

〔主な事業内容〕アプリ・Ｗｅｂサービスの開発・運営（都会にいながら副業として地方で働くことができるサービス「ともるい」および自分のスキルで地方に貢献できるサービス「つるので」）

私は、起業前後に関してはＭａｋｅｒｓ Ｕｎｉｖｅｒｓｉｔｙを通じて成長しました。メンターや同志の存在がとても大きいと感じています。

今でも、Ｍａｋｅｒｓで同期だった起業家仲間と月に1回、定期的にメンタリングし合っています。ピアプレッシャーにもなる上、心をさらけ出すことができるからこそ自分が内心で思っていることを突き当ててくれて背中を押してくれたりと、良い関係性を築くことができています。

共同創業者の小林航大氏（左）

創業当初の研究室にて

私は今回の新型コロナウイルスの流行によって、予期せぬ事態に直面してしまいました。私の目指していた世界が予想より5年ほど早く来てしまったという事態です。そのため、準備が足りずにサービスを拡大させるための波に乗ることができませんでした。人と人、会社と人を繋ぐようなサービスを展開していたため、感染拡大防止の観点から、サービスをいったん止めるという結論に至ってしまいました。

しかし、私は挑戦しました。移動ができないため地域への帰省ができなかったことから、オンライン帰省という発想が世の中に出てきていました。そこで、オンライン上で地域に貢献できるようなサービスをおよそ1カ月でスピード開発し、リリースしました。この挑戦は、コンセプトを変えずに行った新しい挑戦です。しかしながら、サービスを出した後に新型コロナウイルスの影響はいったん弱まりをみせ、私のサービスはこれまた失敗となりました。しかし、コンセプトをずらすことなく新しい挑戦を行うことができたということに関しては、学習に繋がったと思っています。

リペリアのサービス「ともるい」の案件のほとんどは、知り合いや、知り合いの知り合いから集めてきたものです。ユーザー（副業人材）に関しても、広告を1回も打ったことがないにもかかわらず、現在では約250名もの方がユーザーになってくれています。

燕市にある明治屋は、リペリアにとってのリードカスタマーです。私が起業する前から将来について話し合い、リペリアのビジョンに大変共感していただき、第1号案件を引き受けてくださいました。実際に、副業人材とのマッチングも達成しており、いまだに関係が継続しています。

横山 和輝（株式会社プロッセル・代表取締役）

〔主な事業内容〕完全オンラインの「ビジネスコンテスト×インターンシップ（オンコン）」の運営、オンライン上でのインターンシップやビジネスコンテストのプロセス設計・運営のコンサルタント・完全受託など

私は中学卒業後、長岡高専に進学し、ロボットやプログラミングの研究を行っていました。20歳になるまでは、エンジニアに関連する学習しかしてきませんでした。起業のきっかけは、私が1年間フィンランドに留学していた頃、現地のビジネスコンテストに出場し優勝したことでした。そのときのアイデアを日本にもち帰って起業しようと考えたのですが、ビジネスに関しては全くの素人でした。そこでまず、株式会社タイミーでインターンを行い、小川社長の近く

Prossell
地球で働く未来をつくる

創業時、全国のプロッセルメンバーと

横山 和輝

で仕事をしながら起業家になることを本格的に志しました。

長岡高専のＯＢにフラー株式会社の渋谷社長（現会長）がいたため、起業前にご相談させてもらいました。渋谷社長から応援していただき、「とりあえず起業に踏み出してみよう」というスタンスで起業しました。私は高専を卒業するタイミングで起業し、一方で同級生は卒業後に一般企業で働き始めていたため、正直なところ不安で仕方ありませんでした。しかし、自分はまだ若く、チャレンジできる環境があるのならばチャレンジしようと思いました。それに、もし失敗をしたとしてもエンジニアとしてやり直せるはずだと考えたため、思い切って起業しました。

プロッセルを創業する前は、学生団体として活動していました。私の通っていた長岡高専のある長岡市は、学生団体としてのプロッセルに資金や営業先の紹介など、多くの支援をしてくださいました。また、母校の長岡高専からはオンラインでのインターンシップ関係で委託をしていただき、大変助かりました。

プロッセルの提供するサービスには、オンライン上のビジネスコンテスト（オンコン）などがあります。私は新型コロナウイルスが日本で流行する前の1月に、オンコンを開催していました。当初の予定としては、年に1回のペースでオンコンを開催するつもりでいたのですが、私は新型コロナウイルスの流行という思いがけない事態を受けて、考え方を変えました。自粛期間中は、学生の時間が余っているだろうということに着目し、予定していた年1回の開催スタイルを変更して、毎月の開催としました。その結果、およそ半年間で850人の学生にオンコンへ参加してもらうことができました。

新型コロナウイルスの流行という大きな環境変化は、もとから活動自体がオンラインイベントの開催であったプロッセルにとってはプラスに働きましたが、これは偶然が引き起こしたにすぎません。今後もし世界を大きく変化させるような事態が発生したときには、創業初期の起業家は、その事態にも柔軟に対応できるような姿勢をとっておくべきだと思います。

私はフィンランドへの留学中に得た原体験から、「学生にオンラインで活動してもらうためのビジネスコンテストを開催する」ということを私の提供するサービスとして決めていました。しかし、帰国当初は賛同してくださる方は多くありませんでした。それでも私は自分の提供したいサービスを提供し続けました。そうしていたところ、世の中の情勢が思わぬ形でオンラインへ移行したため、サービスの利用者（ビジコンへの参加者）を大きく増加させることができました。

プロッセルが開催するオンコンの最初の参加者は、運営メンバーの直接の友人がほとんどでした。当初、広報費は一切かけず、全国にいる高専生に協力してもらって友人たちに呼びかけたり、印刷物を掲示してもらうといった工夫をしていました。初期に参加してくれた学生の中から希望者を募り、アンバサダーとして任命しました。ついこの前までは学生団体だった「株式会社プロッセル」ですが、大きく手を広げて届く範囲にあるさまざまな手段を活用して、学生が学生を呼ぶ仕組みづくりをしていきました。

佐藤 傑（株式会社ＫＵＮＯ・代表取締役社長）

〔主な事業内容〕コンサルティング、システムエンジニアリングサービス、受託開発など

私は18歳で長岡を離れ上京し、その後40歳で株式会社ＫＵＮＯを起業しました。起業当初から、生まれ故郷の長岡への想いが強くなっていきました。そうした中、長岡での事業を展開している東京の企業と知り合い、その紹介で長岡市のＡＩイノベーション・ハブにオブザーバーとして参加する機会を得ました。これをきっかけとして、長岡でＴＦＵＧやＤａｔａ Ｄｉｓｃｏｖｅｒｙ Ｗｏｒｋｓｈｏｐなどのイベントを開催したり、長岡技術科学大学からのインターンを東京ＫＵＮＯ本社に迎えたりと、少しずつ長岡での活動範囲を広げていきました。子どもの頃からの夢だった長岡花火のスポンサーになることもできました。

今年（２０２０年）、新型コロナウイルスの影響でリモートワーク

佐藤 傑

導入が加速しました。リモートワークがさらに進むと、「住む場所＝仕事がある場所」ではなく、「住む場所＝充実した遊びやプライベートを送ることのできる場所」になってくると思います。リモートワークが進むことで、仕事ではなく遊びやプライベートで住む場所を選ぶ時代がやってくるということです。

私自身、長岡に拠点を構えるのであれば今このタイミングが最適であると判断し、住民票を長岡に移して2拠点生活を始め、ＫＵＮＯの長岡支社を構えることになりました。ここを始まりとして、新潟での事業を拡大していく計画です。

長岡へ進出した一番の理由は、生まれ故郷の長岡に恩返しをしたい、そして長岡の素晴らしさを世の中へ発信したいという想いです。新潟にはビジネスチャンスも感じています。東京一極集中への懸念から、今後地方創生が加速していくことは間違いないでしょう。長岡での活動を通して多様な方々と交流して分かったことは、新潟県のビジネスパーソンには情熱をもった方が多いということです。事業を継続させるためには事業者の熱意が必要です。新潟のビジネスパーソンは、大きな熱意とともに高い協調性も備えています。私は「新潟の発展はこうした人々によるビジネスコミュニティによって駆動される」と確信しています。

古林　拓也（株式会社いろむすび・代表取締役）

〔主な事業内容〕地域商社事業（いろむすび山菜屋）、田舎体験型旅館事業（いろむすびの宿）、場づくり・人づくり事業（ひとむすび）

Ｗｉｔｈコロナ時代において、地方創生に代表される支援先としてのローカルから、積極的に価値を見出すローカルへと世の中の見方が変化しつつあります。私は東京都心での生活を通じて一極集中モデルを経験しながら、帰省体験を通じて地元の豊かさも目の当たりにしました。これらが原体験となり、私は「豊かなローカルの集積が豊かなグローバル社会を形成するのではないか」という思いに至りました。社会性と経済性を両立する持続可能な地域社会の事業モデルとして、ローカル社会の中での役割分担を果たすべく、地域商社いろむすびを創業しました。

さまざまなチャレンジの中で、自社の事業が質的に大きく成長したと感じるターニングポイントは二つあります。一つは「自己内観による自分軸の形成（腹くくり）」、もう一つは「志と使命感をもとにした社会関係資本の蓄積」です。

事業を作り上げるためには、一定の経営資源（人・モノ・知恵・金）を投下する必要があります。限られた経営資源を最大限に活かすためには、どの方向に事業を進めるのかを明確に決定する必要があり、それがビジョンやミッション、経営戦略、お客様への提供価値などへと落とし込まれます。

しかしながら私は「経営メンバー、従業員、外部ステークホルダー（利害関係者）、お客様からのさまざまな期待に囲まれながら新たな価値を生み出す」という、いわば答えのない（すなわち、過去の成功体験が通用しない）問いに答えようとする中で、大いに迷い苦しみました。

そのとき、自身を助けてくれたのは「自己内観の時間」でした。自分自身の生い立ち、大切にしていた子どもの頃からの価値観、それから自身の思いを形成した原体験を振り返りました。近しい家族や従業員からのフィードバックをもらう時間をつくりました。子どもの頃に秋祭りの日に6畳の畳の部屋で祖父が作ってくれた鯖寿司の思い出、大学の研究室で自身の尊厳を損なう体験をしたことなど、心の琴線に触れる自己内観の時間を通じて、私自身が何によって形づくられてきたのかが見えるようになりました。

その結果、私自身が大切にしたいお客様への価値は、「自社のサービスや商品によって、自然とともに暮らす人間本来のもつ、体のリズムや五感を取り戻してほしいという人間の尊厳回復へ

古林 拓也

にいがた産業創造機構（NICO）主催「新潟起業チャレンジ（潟チャレ）」最終プレゼンテーション

いろむすび

IROMUSUBI

いろむすび山菜屋

いろむすびの宿

の願い」だということに気づきました。こうした根っこの思いの再発見から、地元の天然山菜を、昔ながらの集落の技法に倣《なら》い、地元の確かな調味料と合わせ、かかさ（お母ちゃん）の手仕事で丁寧に仕上げた佃煮惣菜「いろむすび山菜シリーズ」というサービス・商品を着想しました。また、「体に季節が巡る一口を。」、「心にむすび目を作る一日を。」というブランディングメッセージも生まれました。

自分の深い原体験（心の棘）に立脚する自身の思いの源泉を見出すことができれば、志と使命感を明文化することができます。私はこうした個人の志と使命感を通じて、同じような想いをもつ外部ステークホルダー（利害関係者）の方々へ、筋の通ったメッセージ、熱意、物語を伝えることができました。未来への期待感や深い共感を抱く方々の周りには、信頼、評判、関係、知識といった社会関係資本が形成されていきます。私の場合、もとは「私の物語（My Story）」だったものが、「あなたの物語（Your Story）」を内包するようになり、さらには「私たちの物語（Our Story）」へと昇華していきました。この大きなうねりが、事業の質的な成長を大きく支えてくれたと感じています。

谷 俊介（株式会社クーネルワーク・代表取締役）
坂井 俊（株式会社クーネルワーク・取締役）
〔主な事業内容〕産直ECサイト「新潟直送計画」運営、建築実例プラットフォーム「MOCK

HOUSE」運営、デザイン・Webマーケティング支援など

■谷 俊介

私はリーマンショックの後で就職氷河期を経験したため、会社へ期待をせずに自分の力で生きていかなければならない時代になると感じていました。創業間もないベンチャー企業に就職し経験を積んだものの、環境が厳しく、仲の良かった同期や後輩が相次いで退職の希望を出すようになりました。私はこのことをきっかけとして、「仲間とともに、自分たちなりのやり方で、会社というものをゼロから作ってみたい」と思い、独立を決意しました。

独立した当時、私はまだ若く、資金・起業に関連する知識・人的ネットワークもありませんでした。私は独立前に2年間、創業期のベンチャー起業で経験を積んだわけですが、どちらかというと退職後に独学で、資金・起業に関連する知識・人的ネットワークなどの多くを身につけていった形です。

私自身、就職氷河期を経験したため「会社勤め＝安定」という感覚をもっていませんでした。当時は若かったこともあり、失うようなものが特になかったため、リスクというものをあまり考える

ことがありませんでした。

新潟で起業し、創業から現在に至るまで、投資家、メンター、他社の経営者といった方々との関係性はほとんどありません。むしろ「自分は社会に対して何ができる?」「何をすべきか?」「何のために生きるのか?」を自身に問い、あとは顧客の声や世の中の空気感を捉えながらまずは行動を起こしてみるというスタンスでいます。

■坂井俊

私は「一度しかない自分の人生を試してみたい、もっと自分の世界を広げたい、世の中に新たな価値を生み出し続けられる仕事をしたい」と考えています。実際に起業へ踏み切った直接のきっかけは、身近な人の死でした。いつか人生を振り返ったときに「どういった道を歩けば将来の自分に胸を張ることができるのか」を考え、起業という選択をしました。

私は起業することに対して特にリスクだとは考えていませんでしたし、今も考えていません。むしろ、評価やキャリアを他人に委ねて人生を送ることのほうがずっと危険だと考えています。起業することで、主体性や当事者意識を失わず、自己成長を続けられてきたと感じています。

起業当初、「ビジネス性の追求」と「自分自身の想いの追求」のどちらかを重視しすぎた結果、持続性が生まれずに悩んでいました。両者の追求をどうバランスを取って両立させるかという悩みは、起業しようとする多くの人が直面すると思います。私の場合は、友人や周りの仲間など、顔が見える相手の課題解決を行動力の源泉とすることで、両者のバランスを取ることができ、持続力を獲得できたと思います。

起業前、私の仕事は経理でした。そのため、会計に関する知識はある程度もっていましたが、起業に関連する経験・知識・ネットワークはほとんどなかったため、起業後に獲得していきました。起業前に見えるものと起業後に見えてくるものを比較すると後者のほうが多いため、準備にあまりにも時間をかけるよりも、まずは一歩踏み出すことのほうが重要だと思います。

また、起業前後においては、アドバイザー・メンター・見込み顧客・投資家などの繋がりは特にもっていませんでした。そうした中で印象的だったのは、実績も経験も少なく会社としての知名度も低かった頃、10社が参加したコンペティションで新潟県のプロジェクトを受託できたことです。webマーケティングは形のないものを扱うため、過去の実績が重要視されます。新潟県のプロジェクトを受託したことを通じて、会社の信用獲得に繋がったと感じています。

さらには、特に創業初期には極めて深刻なリソース不足を経験しました。もとから、専門人材を確保することの難しさや、未経験者の教育の難しさは想定していました（想定していたつもりでした）が、想像以上でした。起業の初期段階における規模の壁を越えるために、同じ課題をもつ同年代・同業種・同等規模の会社と合併するという解決策をとりました。

木村 大地（株式会社アイセック・代表取締役）

〔主な事業内容〕健康医療データ分析ＥＢＰＭ(Evidence-based Policy Making：エビデンスに基づく政策立案）支援事業、健康教育マネジメント事業、他市場データ連携支援事業

私は「与えられた寿命を最期まで生ききる」という目的のために、18歳からの大学時代は国会議員の事務所で働き、大学卒業後の23歳からは現場の健診機関で働き、27歳の頃には健診業界の大きな法改正の時期に厚生労働省のシステム開発のマネジメントに携わり、30歳で起業してオンライン診療の事業を開発し、海外で講演を行ったり、医師法改正に携わったりもしました。これらはすべて、自らの目的達成のための「手段」です。40歳を間近に控え、あらためて今後の人生を考えたときに、「与えられた寿命を最期まで生ききる」という目的を生まれ故郷で達成するためには、若くもなく高齢でもない「今」何をすべきか考えました。私は、大学院生として医学を一から学び、科学的エビデンスをもとにした事業を開発し、それを論

役員5人の集合写真
（左から、木村美樹、加藤公則、木村大地、曽根博仁、藤原和哉）

文化することで次の世代に着実に伝承していくことが重要だと考えました。

私は本当に多くの方から教えを請い、まずは模倣して、多くの失敗と少しの成功を経験しました。起業後は、受け身のままでは変化が起こることはまずありません。自ら主体的に提言し、一歩ずつでも具体的に挑戦し、賛同者を得る必要があります。

また、どのようなことでも疑問をもち続けることが重要です。特に、業界の商習慣や制度の常識については、常に疑う視点をもち続けていたほうが良いと思います。

たとえば、日本の社会は、平均寿命や人口構造、情報技術や衣・食・住の環境など、さまざまなことが大きく様変わりしました。それにもかかわらず、戦後から全く変化しないような習慣や法制度も多くあります。

私が1社目の起業時に企画していたオンライン診療についても、医師法に準拠すると全国で展開するときにハードルが高く、規制緩和が必要とされていました。当時、内閣府規制改革委員の先生や内閣府の担当者、厚生労働省や経済産業省や総務省の職員、企業の健康保険組合の方々とともに、課題と規制緩和後のメリットなどを整理し提言を続けていました。共通見解を練り上げ、規制改革推進会議に召集され、各担当大臣や担当官の前で提言をしました。その後、閣議決定で承認され、医師法の規制緩和の実現へ繋がり、事業が飛躍的に成長しました。

ビジネスは単にモノやサービスを販売することではなく、社会の課題を解決する手段です。アントレプレナーは、マッチとアンマッチを積み重ね、全体最適を探索していきます。そのため、多くのスタートアップによる挑戦は「朝令暮改」くらいで良いと思います。

しかしながら、より多くの課題を広く深く熟知し、複数パターンの解決策を検討し、いつでもリリースできる精度で保有し、社会にローンチするタイミングを待つことができるような「構え」はとっておくべきだろうと思います。

自分が思いつくものは大体、ほとんどの人も同じように思いついています。そのためアントレプレナーにとって重要なのは、誰よりも先にローンチし、誰よりも先に数多くの賛同者を得られるかどうかです。

一方、顧客の立場からすると、アントレプレナーの事業を受け入れるにあたって勇気と覚悟がいるものです。何事においてもそうですが、「Change」にあたっては、現在や過去を否定し新たなものを受け入れるという覚悟が必要なのです。そのため私は、信頼できる顧客には何度も事業モデルを提案し、何度も質問をいただき、何度も否定してもらっています。私がその疑問や否定を乗り越えられたときに、その顧客は誰よりも心強いリードカスタマーとなり、ともに闘う仲間になってくれます。

1社目の起業では、オンライン禁煙診療事業のリードカスタマーになってくれたのは、大手自動車部品の小売業の健康保険組合でした。この健康保険組合は、2社目の起業の際にもオンライン健康教育事業のリードカスタマーとなってくださいました。

私は、リスクに直面した際に一番重要となる羅針盤が「事業計画」だと思っています。起業することはある意味でリスクだらけだと思ったほうが正しいのかもしれません。社会情勢、新規参入、法改正、天災など、自分の力だけではどうにもならないことも起こります。どのような状況においても、事業計画がなければ良いときや悪いときのアセスメントができません。アイセックでは今回のコロナ禍において、契約の遅延や失注はあったものの、事業計画と変わらず推移しました。これは、事業計画と現状を見比べながら事業の推移を予測して販売モデルを微修正しつつ、全体的な軌道修正を行っていたことに起因しています。

渋谷　修太（フラー株式会社・代表取締役会長）

〔主な事業内容〕モバイル行動データを核とした「アプリ分析支援事業」および「スマホビジネス共創事業」

私の場合、大きく分けると、①仲間、②知識と経験、③創業資金の三つを起業までに獲得していたと思います。

共同創業者との腕相撲

共同創業者の櫻井氏と。ソニーの井深氏と盛田氏が腕相撲をしている写真のオマージュ

①仲間：　フラーには、小学校、中学校、高専、大学、それらすべての同級生や後輩たちが協力してくれています。私は小さい頃から人を巻き込んで何かをするのが好きな性格だったため、仲間は自然と集まってきました。高専時代からは明確に「いつか会社を創るから一緒にやろう」と親友たちに声をかけていた記憶があります（友人に聞くと、中学生あるいは小学生の頃からすでに言っていたようです）。

②知識と経験：　起業に必要な知識は、ひたすら本を読んで獲得しました。特に誰かに教わったわけではありません。私は年間１００冊近くの本を読む習慣があるため、必要な知識は自然と備わっていきました。一方、経験に関しては学生時代から友人を巻き込んでＷｅｂサービスやアプリ開発をしていたり、個人としてもブログなどで情報発信を続けるなどしていました。商売の経験という意味では、さまざまなジャンルのアルバイトをしてみたり、ブログなどのアフィリエイト収入で稼いでみたりもしました。「ＩＴ企業」や「ベンチャー企業」に関する経験については、学生時代からのインターンを通じて新卒で就職したグリー株式会社にて積むことができました。

③創業資金：　創業にあたっての最初の自己資金には、学生時代から稼いで貯めたお金、グリーで働いて貯めたお金、そして起業前にリリースしたアプリから得られた収入を充てました。会社を創ったときにはすでに、自分一人分であれば十分に養うことのできる収入を、開発したサービスから得ていました。そういった事情もあり、そこまで金銭面でのリスクを感じることはありませんで

した。

ライフネット生命共同創業者の岩瀬大輔さんには、創業期のメンターとして資金調達を手伝っていただきました。私一人の力では、創業時に1億円もの資金を集めることはできなかったと思います。その後、何人ものメンターの協力があり、ビジネスを成長させることができました。資金が底をつきそうになったときに支援してくれた日本交通の川鍋さん、アステリアの平野さん。初期の顧客開拓に強力なサポートをしてくれた顧問の元スクウェア社長の武市さん。生き方に悩んだときにいつも相談に乗ってくれるコロプラの馬場さん。新潟でのビジネス展開にあたって強力なご支援をいただいたスノーピークの山井さん。他にも多くのメンターがいます。振り返ってみると、私は本当にメンターに恵まれていると思います。起業を成功させるために最も大事な能力を何か一つだけ挙げるとすれば、それは「メンターを見つけて助けてもらう力」だとすら思えます。

メンターだけでなく、リードカスタマーとの出会いも重要です。私の場合、三つのリードカスタマーとの出会いがありました。一つめは、アプリ分析サービスをリリースしたときに、初期のカスタマーになってくれた会社の社長です。その社長は過去に似たようなサービスを出したいと考えて断念した経験があり、そのときのストーリーを語ってくれました。当時こんな物を創りたいと思っていた、こんな機能があったら嬉しい、といったアドバイスを多くもらいました。

二つめは、アプリの開発事業を始めたときのことです。長岡花火の公式アプリを手掛けることとなったのですが、自分で窓口からトップ営業に行きました。それから毎年アプリはアップデートを続けています。案件としては大きなものではないため、売り上げのほとんどは花火を打ち上げることで還元しているのですが、フラッグシップアプリとして、非常に良い宣伝（事業面でも採用面でも）になっています。「長岡花火のアプリを見て連絡した」という流れで顧客となるケースも非常に多く出てきています。

三つめは、スノーピークの公式アプリです。当時の社長であった山井太さん（現会長）からアプリの相談がしたいというお電話をいただき、数年前の私の誕生日に駆けつけたときのことを今でも覚えています。山井さんはその後フラーの社外役員にも就任いただき、会社としても出資していただきました。まさにリードカスタマーであるとともに、私にとって大切な存在（ロールモデルやメンター）でもあります。

起業においては、予期していなかったような事態が生じることが多々あります。私の場合、起業当初リリースした端末管理アプリが全くダウンロードされなかった事態がその一つです。自分たち好みのクールな見た目にしていたアプリを１８０度方向転換し、可愛いキャラクターを使ってリリースし直したところ、大ヒットしました。

他にもあります。ニーズがあると思っていたアプリ分析サービスをリリースしたものの、なかなか世の中にその良さが伝わりませんでした。そこで思い切って、データを全部無料で公開してみることにしたところ、炎上しつつも大反響。そこから一気に問い合わせが来ました。

アプリを簡単につくることのできるサービスをリリースしたときも、なかなか思い通りにいかず苦労しました。少額でアプリをつくるサービスは、単価が低いわりに顧客の対応コストが非常に高かったのです。そこで、小規模アプリをつくることを完全に止め、逆に大きなクライアント向けに単価の高いサービスを提供するようにしたところ、一転して好調になりました。

まだあります。新潟に支社をつくったとき、当初は採用活動でとても苦労しました。自分自身で数カ月間、新潟に住んでみたり、広報施策を数多くトライ&エラーしたりして解決していきました。

基本的に、最初から想定通りにいったことなんて、今まで一度もなかったのかもしれません。大事なのは、その都度どうしたら良いか考え、最速で次のアクションに移すことだと思います。

私は「大きな時代の流れ」のようなものは予測することができると考えています。たとえば、スマートフォンが全世界に普及するとか、新型コロナウイルスの影響で地方の価値が見直されるといった流れです。最も重要なのは、その予測可能な大きな時代の流れを「誰がつくっていくか」ということです。それによって、どのような世界になってくのか、その方向性が変わるからです。

つまり私は「大きな流れには逆らうことはできないが、具体的にどういった将来になるかについては自分で創ることができる」と考えています。「未来を予測する最も確実な方法は、自らそれを創ることだ」という名言の通りです。

清水 泰明（株式会社ひらせいホームセンター・代表取締役）

〔主な事業内容〕住関連用品、生活用品の小売業およびＣＤ・ビデオ・ＤＶＤレンタル業

私の祖母は、新潟の味噌や海産物をもって東京で行商をしていました。こうした祖母の姿が、私の「商売」観を形づくった最初の記憶だったと思います。少年の頃には、収穫したスイカをリヤカーに載せて新潟市内を売り歩きました。親戚の家がある遠方まで売り歩いて、売り切るまでそこに滞在し、売り切った後は売上金を（落とさないように）服に縫い付けてもらって帰宅したことも覚えています。高校を卒業した後は銀行に就職し、預金集めや融資で個人客や企業を回りました。私にとって運が良かったのは、20歳の頃から貸し付け業務に関与できたことです。この業務経験を通じて、通常であれば20歳の若者が繋がることのできないような方々や企業などと知り合い、多くの学びや関係性を得ることができました。銀行員時代、毎日のように預金の勧誘・融資・貸し付けといった多様な業務で仕事に汗を流していましたが、全く苦は感じませんでした。

そうした中、ある一軒の金物店を担当することになりました。この出会いが私の転機となりました。当時、この金物店は時代の先を走っていたのです。今となっては当然のことかもしれませんが、この金物店は当時、チラシを配布して商品を安く売るという方法をとっていたのです。私は当時、一般的な金物店に対して「盆暮れ勘定」の「受け身」な商売だというイメージを抱いていました。

その一方で、私の担当したこの金物店は、チラシをまくという創意工夫を凝らし、喜んで物を買っていくお客さんの笑顔を生み出していました。私はこの金物店に仕事で何度も足を運び、さらには休日には手伝いを買って出ることもし、どんどんと「これこそ自分がやりたい仕事だ。お客さんに笑顔で喜んでもらえる仕事をしたい！」と強く思うようになりました。そうして私は23歳のとき、銀行をすっぱり辞めて、現在で言うところの「起業」に踏み出したのです。

知り合いや親戚と三人で資本金を１００万円ずつ出し合い、出資者と自分の姓の頭文字の「平」と「清」をくっつけて、生活雑貨を扱う荒物店「有限会社平清商店」を開店しました。店は地元の新潟市内野町に開き、20坪ほどの小さな売り場からスタートしました。最初の店はあまり人通りが多いとは言えない場所だったこともあり、1日1万円ほどの売り上げであっても「今日はとてもよく売れた」という状態でした。そこで、来てくれるお客さんを待つというスタンスではなく、私自身の強みを活かして日用品や清掃道具を売り歩くという方法をとりました。荒物店の営業販売については全く素人

大学とのコラボレーション

ひらせいホームセンターは、新潟大学伊藤龍史ゼミとのコラボレーションを行い、店舗内マーケティングやマーケティングプロモーションにおける新たな視点やアイデアを積極的に取り入れている

ひらせいホームセンター

20坪の荒物店を原点に、店舗網を拡大していった（1985年、新潟市西区）

からのスタートだったこともあり、銀行時代に培った繋がりなどを頼る形で売り歩き、銀行員としてお世話になった大手のホテルや病院などが大口の顧客となってくれました。起業するまでに築いてきた私自身の社会的ネットワークが、当初のビジネスの支えとなりました。

私は起業後およそ7年間は、銀行員の感覚をもち続けていました。信用の獲得を念頭に、業態は金物店とし、敷地は自社物件とするといった具合です。起業から7年が経った頃、新潟ではホームセンターがいくつも開店する動きが出てきました。私も79年に、巻町に900坪の敷地に200坪の建物でホームセンターを開店しました。正確には、ホームセンターを開店したというよりも、地主さんから900坪で譲り受けた土地に大型の金物店を作ったという状況でした。従来型の金物店が大型店を作ったわけですから、置く商品も足りない状況でした。しかしちょうどそのとき、銀行からの紹介で群馬のホームセンターを視察する機会があり、ホームセンターという業態を学ぶことができました。そこで巻店を本格的にホームセンターへと改装しようと踏み出しました。当時の年商は2億円だったのに対し、巻店のホームセンター化への投資額は1億5千万円。周囲からは過大投資だと言われましたが、当時の力量を超える店舗を出すこと（今で言う「オーバーエクステンション戦略」）によって、新たな県外の仕入れ先や他のホームセンターとの繋がりを得ることができ、結果的にはこの巻店のホームセンター化は自社における大きな転換点であったと思います。

こういった具合に、起業から7年かけて、ようやく店売りの夢を叶えることできました。私はホームセンターの出店という大きな意思決定をなした直後、もう一つの大きな意思決定を行いました。それは、営業をやめるという意思決定です。営業は私の得意とするところであり、また自社の当初のビジネスの支えとなっていたものです。しかし、店売りと営業を両立させるのは困難であると判断しました。当初の自社のビジネスは、銀行員時代にお世話になった大手のホテルや病院などが大口の顧客になってくれたことで成り立っていました。しかし、私は「平清商店」を開店し、さらには「ひらせいホームセンター」へと変わったことで、いつまでも「銀行員の清水さん」のイメージに頼っていてはいけないと考えたのです。私は断腸の思いで、営業先の一社一社に外商取りやめの説明をして回りました。

私は荒物店を「起業」したときは素人でしたし、さらにはホームセンターに関連する流通の仕組みや陳列方法なども最初はさっぱり分かりませんでした。競合店の見様見真似で家具や雑貨を置いてみたこともありましたが、なかなかうまくいきませんでした。他と比べた場合に自社に強みがなければ、失敗してしまいます。通常の発想であれば、これらは私の弱みであり、カバーすべきものです。しかし私は、これらはひらせいホームセンターを競合店と差別化する（強みに転じさせることのできる）重要なポイントだと考えました。自社は、たとえば趣味嗜好品などについては、他店のようなプロではないため取り扱えません。ひらせいホームセンターでは、この状況をプラス思考で逆手にとって、生活用品を徹底することによって差別化を図り、これを強みとしているのです。

このところ、新潟では起業を促進する動きが活発化しつつあり、このスタートアップエコシステムの中で「若者」たちが想いを形にしようと奮闘しています。私が常に思うのは、何歳であろうと、ものを考えている人は「若者」だということです。考えることをやめてしまったら、たとえ20歳でも「老人」です。この意味での「若者」に向けて、私は「自身の経験・繋がり・置かれた状況を分析して、他者と一線を画すような強みを明確にする」ことの大切さを伝えたいと思います。

清水 泰成（株式会社ひらせいファーム・代表取締役）

〔主な事業内容〕「もみがら堆肥」を施用した青果・野菜苗・伝統野菜などの生産と販売、6次産業化への取り組み、農業活性化へ向けた取り組みなど

2016年1月、農家15人と協力して、農業法人「ひらせいファーム」を設立しました。ひらせいファームでは常に「農家のためになるかどうか」ということを重視しながら、高齢生産者や若手農業者を応援することを信念としています。農家が処分に悩む「米のもみがら」を堆肥として活用する「循環型農業」を目指しています。「農業を明るく、楽しく、儲かるものにしたい」というのが私の想いです。

私は大学卒業後、米国のカリフォルニア大学ロサンゼルス校(University of California, Los Angeles：

ＵＣＬＡ）に留学し、ビジネスマネジメントを学びました。そこではさまざまな知識を習得しましたが、その中で教授が繰り返し言っていたフレーズが強く印象に残っています。それは「ビジネスはコミュニティ（言い換えると、コネクション）である」というものです。

私は今でもこのフレーズを大切にしながら経営を行っています。たとえば、野村證券新潟支店と野村総合研究所が主催する「新潟イノベーションプログラム（ＮＩＰ：Niigata Innovation Program）」に２０１８年に（ひらせいホームセンターとして）参加したのも、こうした意識によるものでした。ＮＩＰでは、参加した多様な企業経営者のうち、株式会社欧州ぶどう栽培研究所／カーブドッチ・ワイナリー、株式会社大谷（印鑑販売）とチームを組み、「新潟産原料１００パーセントを目指すウイスキーづくりプロジェクト」を考案し、現在では実現に向けた取り組みを進めています。このこと以外にも、「もち麦」や大麦の栽培をはじめとして、食品開発、家庭菜園の栽培キットの通販、家庭菜園の方法を紹介するサイト「Ｉｋｕｓｅｉ（イクセイ）」の立ち上げなどを精力的に展開しています。いずれにおいても、ビジネスにおけるコミュニティやコネクション（繋がり）の大切さを意識しながら進めています。

大学とのコラボレーション

ひらせいファームは、新潟大学伊藤龍史ゼミとマーケティングに関するコラボレーション（たとえば「Ikuseiのマーケティング」や「ひらせいファーム野菜のマーケティング」など）を行っている私は常に「○○をしたい」ではなく「○○をします」という形で発信するようにしています。「○○をしたい」であれば、誰でも言えます。しかし「○○をします」となると、相当な覚悟と意思の強さをもたなければ言えるものではありません。

自分の意思を言葉にするにあたっては、日本語ではなく英語で適切に表現できるかどうかが重要です。私は、英語で表現できるほどの「意思の言語化」こそが、多くの人が分かる形にまで昇華された理想的な状態だと思うのです。この水準で「言語化」ができた（私の）意思は、きっと多くの人から理解してもらえるでしょう。そうすると、私の意思に共感をもって一緒に実現を目指してくれる誰かが現れるかもしれません。

ビジネスにおいては、コミュニティやコネクションを重視しつつ、自らの意思を「○○をします」という形で示し、さらには明瞭な形で言語化することを通じて、機会をしっかりと掴んでいくことが大切であると思います。

第6章　スタートアップエコシステムの構築

新潟のスタートアップエコシステムがまとまりを保つためのポイントは、まさに「人」だと思います。経済界、教育機関、行政、支援機関、金融機関など、各分野のキーパーソンが繋がりをもち、まとまっていくことで、スタートアップエコシステムは出現・成長し、自律回転していくのだと思います。

そう考えると、新潟県に縁をもち、県内外で活躍する若手経営者が集まった「新潟ベンチャー協会（ＮＶＡ：Niigata Venture Association）」が今年（２０２０年）の3月に立ち上げられたことは大きな意味をもちます。協会の理事は、次世代の県内経済界を支えていく方々です。この方々が協力し合い、その次の世代のスタートアップやベンチャーを支援していく礎ができたことは、本県のスタートアップエコシステムの明るい未来に繋がると思います。

他県や海外におけるスタートアップエコシステムの事例を調べて政策へ反映させることも重要ですが、その何十倍も何百倍も現場の声を直接聞き、関係者とのネットワークをつくることが重要です。私は、このネットワークの結節点となることこそが県の役割であると信じて動いています。

佐々木 淑貴（新潟県 産業労働部 創業・経営支援課）

スタートアップエコシステム

本書ではこれまで、話の視点をミクロ（アントレプレナー内部）からマクロへと移動させながら説明してきました。第1章においてアントレプレナーシップを定義した上で、次にアントレプレナーではない人がアントレプレナーになっていく様子を説明し（第2章）、さらにはアントレプレナーが機会信念を構築するためのさまざまな方法論について、特にエフェクチュエーションを中心に整理・紹介してきました（第3章および第4章）。そして前章（第5章）では、アントレプレナーが高価値の問題解決策を探索する様子を鳥瞰的に説明しました。

本書では最後に、最もマクロな視点として、スタートアップエコシステムの構築について説明します。スタートアップエコシステムとは、多様なアクターが相互に影響を及ぼし合いながらアントレプレナーを生み出していく生態系のことを指します[56]。スタートアップエコシステムは世界各地に見られますが、それぞれの特徴、規模、構築の背景などはさまざまであり、成功したエコシステムもそうでないものもあります[57]。

以前より、成功したスタートアップエコシステムの成功理由を明らかにしようという研究は数多く行われてきました。たとえば、シリコンバレーのエコシステムの特徴を分析した研究では、ベンチャーキャピタルの宝庫であるということ、有能な人材が多く輩出されているということ、研究機関が存在するということ、士業関係のインフラが整っているということ、さらにはイノベーションのリードユーザーが存在すること、などが見出されてきました[58]。

シリコンバレーに代表される高業績のエコシステムでは、どのような要素が鍵となっているのか。この鍵となる要素を列挙しようという研究は多々ありますが、実践的により重要なのは、エコシステムがどのように出現してくるのかを考えることでしょう。このことに関して、スタートアップエコシステムに関する研究では、エコシステムの中にさまざまな行為主体がいるということと、それらが相互作用をしているということに着目をしながら次のように考えます。すなわち、スタートアップエコシステムは、複数の構成要素があるだけでなく、微視的なプロセス（たとえば、アントレプレナーが意図を形成すること）、巨視的なプロセス（たとえば、エコシステムの文化が形成されること）、それから両者をつなぐプロセス（たとえば、支援者や支援組織がアントレプレナーに資源を提供すること）を通じて、時間の経過とともに創発的に出現してくるものだという考え方です[59]。

スタートアップエコシステムをこのように捉えた場合、エコシステムの出現には次の六つの特性があると考えられます。すなわち、自己組織的に創発すること、境界線が不明瞭であること、多様な主体が層をまたぎながらさまざまなスピードで動きをとること、非線形のダイナミクスを示すこと、環境への適応性があること、初期条件に依存すること、の六つです[60]。

自己組織的な創発

スタートアップエコシステムは、単一の組織やリーダーによって統治されていません。むしろ、エコシステムに関わる個々の行為主体が準自律的に動きをとることを通じて、エコシステムが創発していきます。スタートアップエコシステムは、それぞれの行為主体が互いの行動を必要以上に調整し合ったり、トップダウン型で「作る」ようなものではないのです。

確かに、著名なアントレプレナーや投資家などが、資本や人的ネットワークや正当性を与えることなどを通じてエコシステムに大きな影響を及ぼすかもしれません。また、たとえばインキュベーターのような特定の組織は、他の組織よりも影響力を強くもっているかもしれません。しかし、どの行為主体であっても、誰かのコントロール下に置かれているわけではありません。それに、普遍的にエコシステムの活動を方向づけるような誰か・何かがいるわけでもないというのが通常です[61]。

不明瞭な境界線

通常は「新潟」と言った場合、どこが新潟でどこは新潟でないかを明確に区別する境界線があります。この場合、新潟は新潟県のことを指していて、境界線はすなわち県境です。しかし、ここで

「にいがたのスタートアップエコシステム」と言った場合には、事情が変わってきます。スタートアップエコシステムは生態系であり、地理的な場所のことを指すものではありません。むしろ「新潟に関わる起業ネットワーク」といった意味合いになるでしょう。

「シリコンバレー」も同様です。シリコンバレーはカリフォルニア州のサンタクララ・パロアルト・サンノゼ地区あたりの総称として使われたり、そのあたりのスタートアップエコシステムにつけられたあだ名のようなものです。しかし、では地理的な境界がないかといったら、そういうわけでもありません。おおよそ前記の三つの地区にまたがるエリアだとも言われますし、スタンフォード大学を中心とした半径およそ50キロメートル圏内の楕円形のエリアだと言われることもあります。

筆者は以前、サンノゼのダウンタウン付近に住んでいたことがありますが、その当時、近くのサンノゼ・ディリドン駅周辺には駐車場と住宅が広がっていました。現在では、Ｇｏｏｇｌｅ社がその駅の近くに広大なキャンパスセンターやオフィスをつくるという拠点開発計画が進んでいます。この計画が実現すると、周辺でおよそ2万数千人もの雇用創出の可能性もあるそうです。私は以前、知人であるサンノゼ州立大学の教員が、雑談の中で「シリコンバレーの南端のサンノゼにＧｏｏｇｌｅが大規模に進出することで、シリコンバレーが南に多少延びるかもしれない」と言っていたのを覚えています。これは雑談の中での何気ない一言ですが、スタートアップエコシステムの境界について実に的確に捉えた表現です。つまり、スタートアップエコシステムの境界は、不明瞭に定義されている一方で、地理的および社会文化的な実体として確かに存在してもいるということです。

スタートアップエコシステムは、外部からの資源提供に依存している部分もあり、エコシステムへの資源流入によって影響を受けています。[62] このことは、シリコンバレーのようなエコシステムに外部から資本や人材が集まってくることを想像すると分かりやすいかもしれません。あるエコシステムへ資本が集まってくると、それがシグナルとなってさらに多くの資本の流入が誘発される可能性があります。シリコンバレーの文化や挑戦環境は、それに魅了された人々が次々と「聖地」に集まってくる（必ずしも全員が適切に引き寄せられているとは限りませんが）ことによって、強化されていく可能性もあります。もちろん、あるエコシステムの内部にあまりにも多くの資本や人材が蓄積されてしまうと、今度は追加的な流入の妨げとなるかもしれないことに留意する必要もあります。

結局のところ、エコシステムの「内部か外部か」は、どのようにして捉えればよいのでしょうか。エコシステムの境界は多元的です。ある行為主体がエコシステムの内部にいる他の主体と社会文化的な特徴（たとえば、指針となるようなルール、論理、価値観など）をどの程度共有しているかによって、ある次元では内部であり、ある他の次元では外部といった状態にもなり得ます。[63]

イメージしやすいところとしては、多くのスタートアップエコシステムには「イノベーションディストリクト（innovation district）」のような、活動の震源地があります。[64] この手の震源地のことを

「エピセンター（震源地）」と呼びます。エピセンターの近くにいる行為主体はそれぞれ、互いに関連しているようなビジネス活動に従事する（たとえば、イノベーションディストリクトで力を入れている特定のテクノロジーに関連した起業活動を行う）傾向にあります。先に触れたシリコンバレーでは、「シリコンバレーの父」として知られるスタンフォード大学のフレデリック・ターマン教授が自身の無線工学の研究を進めるとともに、デイビッド・パッカード氏やウィリアム・ヒューレット氏をはじめとした（学生）起業家の育成を積極的に展開したことなどが背景となって、現在でもシリコンバレーのエピセンターの一つとして機能しています。ある行為主体がこうしたエピセンターの近くにいる場合にはスタートアップエコシステムの内部にいることになりますが、地理的に離れていくと、エピセンター界隈の活動との関係がだんだんと弱まっていき、次第にエコシステムの外部となっていきます。[65]

これと同様のことが、共有された価値観を基準とした「内部か外部か」の議論にも当てはまります。たとえば、アメリカ合衆国コロラド州ボールダーのスタートアップエコシステムでは、「得る前に与える（giving before you get）」という暗黙のルール（「ボールダーの命題（Boulder's thesis）」と呼ばれます）に基づくコラボレーションが重視されています。[66]ボールダーのエコシステムにおいては、ある人は、周囲に貢献をなすのであれば報われます。また、もしある人が誠実で建設的で協力的な態度を示さなければ、ボールダーのコミュニティもその人に対して同じようにふるまいます。

こうした価値観を共有しない主体は、エコシステムの「外部」にいることになります。

多様な主体による相互作用

スタートアップエコシステムを構成する主体には、アントレプレナー、投資家、メンターをはじめとしたさまざまな資源提供者が含まれます。それぞれの主体は、知識、機会の認知能力、エコシステム外部との繋がりの広さ、社会ネットワークの幅など、多くの側面で違いがあります。各主体はそれぞれ異質な役割がある一方で、役割排他的というわけではありません。たとえば、あるアントレプレナーは、アントレプレナーであると同時にエンジェル投資家でもあるかもしれません。各主体は基本的な役割をもちつつも、同時に別な顔（役割）ももち合わせているということです。

スタートアップエコシステムでは、そのような異質性をまたぎながら多様な主体が相互作用します。たとえば、アントレプレナーのような個人、アクセラレーター（accelerator）のような組織、それから地方自治体などが互いに関係し合います。

このような相互作用から、さまざまなスピードでものごとが発生します。アントレプレナーは、数日あるいは数週間をかけて何らかの重大な意思決定を行うかもしれません。また、ビジネスモデルの検証のように、もっと短い時間でなされる活動もあります。逆に、アントレプレナーがメンターになるといった自己強化サイクルに関わる動き（エコシステムからのアウトプットが今度はインプットへと変わり、さらなるアウトプットを生み出す）については、数年あるいはそれ以上に長い期間で進みます。

非線形のダイナミクス

前述のような多様な主体による相互作用は、スタートアップエコシステムに非線形のダイナミクスやフィードバックループをもたらします。エコシステムが非線形のふるまいを示すものである場合、小さな刺激がエコシステム全体に大きな影響を引き起こす可能性があります。[67]こうしたことは、フィードバックループの発生によって起こります。フィードバックループは正のもの（ポジティブフィードバックループ）と負のもの（ネガティブフィードバックループ）に分かれます。ポジティブフィードバックループが生じた場合、エコシステムが自己触媒的に自身のふるまいを際限なく増加または減少させていきます。ネガティブフィードバックループが生じた場合には、エコシステムのふるまいが均衡や安定的な状態へと落ち着いていきます。

スタートアップエコシステムにおける正のフィードバックループの一例として、アントレプレナーの数が考えられます。[68]あるエコシステムにおけるアントレプレナーの数は、投資家の数の増加と関係しています。投資家の数は、取引フローが増加するにつれて増えるでしょうし、また一部のアントレプレナーが株式公開、株式譲渡、あるいはマネジメントバイアウトなどを通じてイグジット(exit)を達成し、今度は投資家の側にまわるにつれて増える可能性があります。あるエコシステムにおいて投資家の数が増加し利用可能なキャピタルが増大すると、より多くのアントレプレナーがそのエコシステムへ引きつけられ、さらにはアントレプレナーの増加がより多くの投資を引きつけていきます。つまり、スタートアップエコシステムにおけるアントレプレナーの数と投資家の数は、自己強化的なポジティブフィードバックループの性格をもつのです。これと似たような自己強化的なループが、アントレプレナーの数の増加とエコシステム内でのイベント開催数の増加の間にも存在するかもしれません。[69] ここでいうイベントとは、ビジネスコンテスト、ピッチイベント、ミートアップ(交流会)、セミナーなどさまざまです。

正のフィードバックループは、前記のような数の増加に関わるものだけではありません。正のループを通じて、新たな活動がエコシステム内に生み出されることもあります。たとえば、あるエコシステムから誕生したアントレプレナーの中には、エコシステムに何らかの「恩返し」をしようとする人もいるかもしれません。成功したアントレプレナーが、エコシステム内のアントレプレナーの卵(見込みアントレプレナー)に対してメンターとなって恩返しを行い、今度はそのアントレプレナーの卵たちの中から成功した人がさらに後輩たちをメンタリングする。こうしてメンターのネットワークが成長していくということも、ポジティブフィードバックループの一例です。

一方、スタートアップエコシステムには負のフィードバックループが働くこともあります。あるエコシステムが有能な人材をより多く呼び込むためには、便利で手頃で好環境の居住空間が必要です。そのような居住空間が利用可能な場合には、有能な人材が多く集まってくることで、エコシステムの成長が促されます。反対に、そのような居住空間が手に入らない場合には、集まってくる有能な人材の数は頭打ちになり、安定した状態に到達してしまいます。こうした居住空間が存在するかどうか、さらにはどの程度利用可能であるかによって、ネガティブフィードバックループが発生するおそれがあります。

環境への適応性

スタートアップエコシステムの中の主体同士が相互作用を続けることで、エコシステムの継続的な修正がもたらされ、ひいては環境に適応していくことへと繋がります。これは、すでに説明したフィードバックループにも関係しています。

たとえば、メンタリングの効果を考えてみましょう。メンターの働きの一つは、アントレプレナーのネットワークを広げる手助けをすることにあります。メンタリングが継続的に行われることで、アントレプレナー自身のネットワークが多方面へと広がっていくため、行うことのできるアクションの幅が広がります。メンタリングによってアントレプレナーに高い柔軟性がもたらされ、さらにはこうしたアントレプレナーが増えていくと、エコシステム全体の適応力が高くなっていく可能性があるわけです。

他にも、あるエコシステムに何らかの能力が欠けていて、その結果ある種類のベンチャーが育ちにくいという例を考えてみましょう。たとえば、ソフトウェア開発能力が不足しているがゆえにハイテクベンチャーがなかなか育たないエコシステムがあるとします。こうしたエコシステムにおいて、アントレプレナーのネットワークが広がって他の主体と繋がりをもつようになると、次第にこのソフトウェア開発能力の不足という話題について他者と話をする機会が増えてくるでしょう。この話題が取り上げられる数が増えてくると、自治体などからの注目が向き始めるかもしれません。たとえば自治体は、ソフトウェア開発能力が不足しているという問題に対処すべく、外部のソフトウェア開発人材を呼び込むためのインセンティブを提供したり、エコシステム内部の人材へ向けて育成プログラムを提供するといった形で取り組もうとするかもしれません。この取り組みが実を結ぶと、エコシステム内部に人材の蓄積が進み、起こり得る行動の範囲が広がります。そうすると次第に「ハイテクベンチャーを考えているのなら、○○のエコシステムの環境では無理だ」という意識から「○○のエコシステムの環境を活用すればハイテクベンチャーも狙える」に変わり、さらには「ハイテクベンチャーを目指すなら○○のエコシステムだ」という意識へと変わっていく可能性が出てきます。エコシステム内の相互作用を通じて、何が不足しているのかが共有され、不足が解消され、起こり得る行動の範囲が広がり、ひいてはエコシステム全体の適応力が高くなっていくという流れです。

初期条件への依存

スタートアップエコシステムにおいては、初期条件の少しの違いが、その後の発展に大きな（そして予期せざる）影響を及ぼすことがあります。過去の出来事があるエコシステム内に埋め込まれることで将来の行動の制約となり、同じ出来事を経験していない他のエコシステムとの間に違いが出てきます[70]。

スタートアップエコシステムの構築が初期条件に敏感に反応するということに関して、分かりやすい例があります。アメリカ合衆国ワシントン州シアトルのエコシステムは、ボーイング社の「肩に乗る」形で誕生しました。シアトルはもともとボーイング社の企業都市だった（である）という事情もあり、シアトルのソフトウェア関係のエコシステムは当初、ボーイング社が抱えていたソフトウェアに関する社内ニーズを（外部で）満たすことから成長していったのです。

スタートアップエコシステムの形成プロセスに可逆性はありません。過去の積み重ねから現在の姿が形づくられていくため、過去からの延長線上を今後も進んでいくことの容易さと比べると、大きく路線変更することは困難です。その上、仮にそうした路線変更ができたとしても、エコシステムの「外部」に何ら変化を残さずにはいられません。スタートアップエコシステムは、エコシステムの「外部」の世界から断絶された純粋な「閉じた」システムではなく、エコシステムの「外部」との相互作用も行う「開いた」システムなのです。[71] したがって、たとえば特定の産業や技術に特化したアクセラレータープログラムの実施など、エコシステムの旗や性格を決定づけるかもしれないような意思決定に関しては、熟慮した上で行う必要があるでしょう。

スタートアップエコシステムの構築へ向けて：凝集性の追求

本章ではこれまで、スタートアップエコシステムを創発的に出現するものとして捉えた場合の六つの特性について説明してきました。その中でも示したように、スタートアップエコシステムとは単にベンチャーを生み出す個人やチームとしてのアントレプレナーだけの問題ではありません。また、特定の統治者によってエコシステムが作られるというわけでもありません。むしろ、さまざまな主体が相互作用を行うことを通じて、初めてエコシステムは創発的に出現します。

では結局、エコシステムを出現させるための鍵はどこにあるのでしょうか。スタートアップエコシステムの研究では、多様な主体による動きの間に何らかの相関があること、すなわち多様な主体がある程度の共通した行動、価値観、および方法にしたがっていることが重要であると考えられています。[72] このことは「凝集性（coherence）」と呼ばれており、エコシステムに対して相互に結合したシステムとしての形を与えるものです。

具体的には、エコシステムの多様な主体の間に、共通した価値観（たとえば、誰もが競争ではなく協力を重視している）や共有されたディスコース（たとえば、エコシステムの過去や現状に関して誰もが語ることができる）が備わることによって、凝集性が生まれます。多様な主体同士でありながらも、価値観が共有され、「ディスコース（discourse）」すなわち言語で表現されたあらゆる内容が共有されることを通じて、エコシステムの中に「シンプルルール」が生まれます。[73] たとえば、「ボールダーの命題」がそれです。こうしたシンプルルールは、さまざまな主体が他の主体によるアクションを観察することを通じて学習されていき、意思決定を行う際に用いられるヒューリスティクスの集合として各主体に備わっていきます。[74] 仮に一部の主体がシンプルルールを完全に学習することができなかったとしても、エコシステム内の主体全体の一般的な傾向として、類似した価値観やディスコースが備わっていきます。[75]

凝集性が高くなると、スタートアップエコシステムに構造が与えられ、無秩序に陥ることが回避されます[76]。凝集性を高くする一つの方法としては、エコシステム外部からの資源注入が挙げられます。たとえば、オランダのアムステルダムでは「3Dプリンティング技術を用いた積層造形」によるものづくりベンチャーがいくつも誕生しています。このような特殊な技術に焦点を当てているエコシステムへ外部から資本が注入され始めると、アントレプレナーが同一の技術を起点としたビジネスモデルを追求し始めるという傾向が生まれます。このことを通じて、アントレプレナーによるアクションの間の凝集性が増大していきます。

エコシステム内部の各主体同士の相互作用はシンプルルールを生み出し、ひいてはエコシステム全体としての価値観を生み出します。このことは今度は、アントレプレナーをはじめとした各主体のアクションの指針となり、エコシステムに高い凝集性をもたらすのです。

第6章　注

56　スタートアップエコシステム（Entrepreneurial Ecosystem）に関する定義を含む研究は、年々増加傾向にあります。たとえば次を参照。

Kuckertz, A. (2019). Let' s take the entrepreneurial ecosystem metaphor seriously! *Journal of Business Venturing Insights*, https://doi.org/10.1016/j.jbvi.2019. e00124.

Cavallo, A., Ghezzi, A., and Balocco, R. (2019). Entrepreneurial ecosystem research: Present debates and future directions. *International Entrepreneurship and Management Journal*, 15(4): 1291-1321.

Cantner, U., Cunningham, J.A., Lehmann, E.E., and Menter, M. (2020). Entrepreneurial ecosystems: A dynamic lifecycle model. *Small Business Economics*, https://doi.org/10.1007/s11187-020-00316-0.

Colombo, M.G., Dagnino, G.B., Lehman, E.E., and Salmador, M.P. (2019). The governance of the entrepreneurial ecosystem. *Small Business Economics*, 52(2): 419-428.

57　この点に関して、エコシステムにおける大学の役割に着目した研究も増えつつあります。たとえば次を参照。

Shwetzer, C., Maritz, A., and Nguyen, Q. (2019). Entrepreneurial ecosystems: A holistic and dynamic approach. *Journal of Industry-University Collaboration*, 1(2): 79-95.

Audretsch, D.B., Cunningham, J.A., Kuratko, D.F., Lehmann, E.E., and Menter, M. (2019). Entrepreneurial ecosystems: Economic, technological, and societal impacts. *Journal of Technology Transfer*, 44(2): 313-325.

Guerrero, M., Urbano, D., Fayolle, A., Klofsten, M., and Mian, S. (2016). Entrepreneurial universities: Emerging models in the new social and economic landscape. *Small Business Economics*, 47(3): 551-563.

Audretsch, D.B. (2014). From the entrepreneurial university to the university for the entrepreneurial society. *Journal of Technology Transfer*, 39(3): 313-321.

Miller, D.J., and Acs, Z.J. (2017). The campus as entrepreneurial ecosystem: The University of Chicago. *Small Business Economics*, 49(1): 75-95.

58　シリコンバレーの形成に関する研究は数多くなされています。たとえば次を参照。

Bahrami, H., and Evans, S.（1995）. Flexible recycling and high-technology entrepreneurship. *California Management Review*, 37(3): 62-89.

Kenney, M., and Von Burg, U.（1999）. Technology, entrepreneurship and path dependence: Industrial clustering in Silicon Valley and Route 128. *Industrial and Corporate Change*, 8(1): 67-103.

ただし、スタートアップエコシステムの研究は個々の要素のリストアップにとどまる傾向にあるため、今後はエコシステムが形成される「プロセス」の研究も必要だという指摘もなされています。これについては、たとえば次を参照。

Mack, E., and Mayer, H.（2016）. The evolutionary dynamics of entrepreneurial ecosystems. *Urban Studies*, 53(10): 2118-2133.

59　たとえば次の研究を参照。

Carayannis, E.G., Provance, M., and Grigoroudis, E.（2016）. Entrepreneurship ecosystems: An agent-based simulation approach. *Journal of Technology Transfer*, 41(3): 631-653.

Cantner, U., Cunningham, J.A., Lehmann, E.E., and Menter, M.（2020）. Entrepreneurial ecosystems: A dynamic lifecycle model. *Small Business Economics*, https://doi.org/10.1007/s11187-020-00316-0.

60　以下の議論は、たとえば次の研究から着想を得たものです。

Roundy, P.T., Bradshaw, M., and Brockman, B.K.（2018）. The emergence of entrepreneurial ecosystems: A complex adaptive systems approach. *Journal of Business Research*, 86: 1-10.

Roundy, P.T., Brockman, B.K., and Bradshaw, M.（2017）. The resilience of entrepreneurial ecosystems. *Journal of Business Venturing Insights*, 8: 99-104.

61　たとえば次の研究を参照。

Carayannis, E.G., Provance, M., and Grigoroudis, E.（2016）. Entrepreneurship ecosystems: An agent-based simulation approach. *Journal of Technology Transfer*, 41(3): 631-653.

Roundy, P.T., Bradshaw, M., and Brockman, B.K.（2018）. The emergence of entrepreneurial ecosystems: A complex

adaptive systems approach. *Journal of Business Research*, 86: 1-10.
Isenberg, D.J. (2010). How to start an entrepreneurial revolution. *Harvard Business Review*, 88(6): 40-50.（ダニエル・J・アイゼンバーグ著（編集部訳）（２０１１）「ベンチャー国富論」『ＤＩＡＭＯＮＤハーバードビジネスレビュー（11月号）』１２８～１４２ページ）

62　これについての好例がシリコンバレーです。シリコンバレーの歴史については、たとえば次を参照。

磯辺剛彦（２０００）『シリコンバレー創世記：地域産業と大学の共進化』白桃書房

チョン・ムーン・リー、マルガリート・ゴン・ハンコック、ウィリアム・F・ミラー、ヘンリー・S・ローエン著（中川勝弘訳）（２００１）『シリコンバレー：なぜ変わり続けるのか〈上〉〈下〉』日本経済新聞出版

枝川公一（１９９９）『シリコン・ヴァレー物語：受けつがれる起業家精神』中公新書

63　こうしたスタートアップエコシステムのいわば「引力」については、次の研究を参照。

Roundy, P.T. (2017). Hybrid organizations and the logics of entrepreneurial ecosystems. *International Entrepreneurship and Management Journal*, 13(4): 1221-1237.

64　次の書籍は、ある都市にイノベーションディストリクトを構築し活性化させるための方法論について、世界各地の事例を交えながら説明しています。

Morisson, A. (2015). *Innovation districts: A toolkit for urban leaders*. Seattle: WA, CreateSpace Independent Publishing Platform.

65　多くの企業の研究所などがスタンフォード大学の近隣に置かれています。このことは、スタンフォード大学がシリコンバレーのエピセンターの一つであることの表れでしょう。

66　広く経営学では、ボールダーの命題のような「暗黙的に共有された知識」によってチームをはじめとした組織やエコシステムにおける凝集性（一体感）が向上する、ということについて研究されています。これに関連する概念としては、たとえば「共有知（common knowledge）」「共有された前提（common ground）」「暗黙的調整（tacit coordination）」「取引記憶（transactive memory）」などが挙げられます。経済学のゲーム理論においても「フォーカル・ポイント（focal point）」あるいは考案者のトーマス・シェリング博士に因んで「シェリング・ポイント」と呼ば

れる概念があります。どの概念を通じて考えるにせよ、スタートアップエコシステムに参加する主体同士が互いに不完全燃焼に終わることなく高度に連携し一体感を生み出すためには、「知っていること」や「分かっていること」の水準が主体間で揃っている必要があるということです。

67 Carayannis, E.G., Provance, M., and Grigoroudis, E. (2016). Entrepreneurship ecosystems: An agent-based simulation approach. *Journal of Technology Transfer*, 41(3): 631-653.

68 Lipper, G., & Sommer, B. (2002). Encouraging angel capital: What the US states are doing. *Venture Capital: An International Journal of Entrepreneurial Finance*, 4(4). 357-362.

69 この点は、アントレプレナーシップおよびスタートアップエコシステムに関する先行研究からの直接的な洞察というよりもむしろ、「アート・アントレプレナーシップ（arts entrepreneurship）」研究を手がかりとした筆者の予想です。米国の総合型大学では、音楽、広くは芸術に関わる学部において、アントレプレナーシップが教えられています。ある都市において、アントレプレナーシップを身につけたアーティストたちが多く輩出されるようになると、芸術やエンターテイメント性のあるイベントが多数開催されるようになり、ひいては多様なアントレプレナーが集まり、支援環境が充実していきます（Phillips, 2011）。これと似たダイナミクスが、アントレプレナーシップ、スタートアップ、イノベーションといったキーワードに代表される「新しい何かが創出される可能性」に関心のある人々や組織を惹きつけるイベント（たとえば、ビジネスコンテスト、ピッチイベント、ミートアップ、セミナーなど）においても生じるかもしれません。

Phillips, R.J. (2011). Arts entrepreneurship and economic development: Can every city be "Austintatious"? *Foundations and Trends in Entrepreneurship*, 6(4): 239-313.

Andrews, R (2019). *Arts entrepreneurship: Creating a new venture in the arts*. Routledge.

70 たとえば次の研究を参照。

Kenney, M., and Von Burg, U. (1999). Technology, entrepreneurship and path dependence: Industrial clustering in Silicon Valley and Route 128. *Industrial and Corporate Change*, 8(1): 67-103.

Carayannis, E.G., Provance, M., and Grigoroudis, E. (2016). Entrepreneurship ecosystems: An agent-based simulation approach. *Journal of Technology Transfer*, 41(3): 631-653.

71　この意味で、「新潟」のスタートアップエコシステムを考えるときにも、地理的境界ではなく繋がりとして捉えられるように「にいがた」のスタートアップエコシステムと表現すべきかもしれません。

72　たとえば次の研究を参照。
Roundy, P.T., Bradshaw, M., and Brockman, B.K. (2018). The emergence of entrepreneurial ecosystems: A complex adaptive systems approach. *Journal of Business Research*, 86: 1-10.
Roundy, P.T., Brockman, B.K., and Bradshaw, M. (2017). The resilience of entrepreneurial ecosystems. *Journal of Business Venturing Insights*, 8: 99-104.

73　Bingham, C.B., and Eisenhardt, K.M. (2011). Rational heuristics: The 'simple rules' that strategists learn from process experience. *Strategic Management Journal*, 32(13): 1437-1464.

74　Roundy, P.T. (2016). Start-up community narratives: The discursive construction of entrepreneurial ecosystems. *Journal of Entrepreneurship*, 25(2): 232-248.

75　Roundy, P.T., Bradshaw, M., and Brockman, B.K. (2018). The emergence of entrepreneurial ecosystems: A complex adaptive systems approach. *Journal of Business Research*, 86: 1-10.

76　この考え方は、スタートアップエコシステム研究とは異なる文脈にも導入される動きが見られます。たとえば次の研究では、健康科学（health sciences）への導入が図られています。
Rickles, D., Hawe, P., and Shiell, A. (2007). A simple guide to chaos and complexity. *Journal of Epidemiology and Community Health*, 61(11): 933-937.

事例 にいがたのスタートアップ環境

渋谷 修太（新潟ベンチャー協会・代表理事）（フラー株式会社・代表取締役会長）

新潟ベンチャー協会（ＮＶＡ）は、新潟県において次世代の高成長なベンチャーや第二創業者の輩出を目的に、新潟に縁のある若手経営者などが集まり、経営者間の人的交流および連携の模索、ベンチャーやスタートアップの支援などに関わることを目指して設立されました。

本協会のユニークな点として、スタートアップ起業家のみならず、県内の大手企業の第二創業者、ベンチャーキャピタルや教育機関関係者といった幅広い理事メンバーで構成されていることが挙げられます。

新潟ベンチャー協会
NIIGATA VENTURE ASSOCIATION

これは、県内で数々のイノベーションを起こすためには、起業家の輩出だけでなく既存企業における新規事業の創出やデジタル・トランスフォーメーションも重要であり、さらにはスタートアップ支援拠点・ベンチャーキャピタル・教育機関といったさまざまなプレーヤーが地域のエコシステム構築に欠かせないと考えているからです。

本協会の主な活動内容として、ピッチコンテスト（NVAピッチ）の開催による起業家や社内起業家の輩出、さらにはスタートアップと県内大手企業や各種関係機関とのコラボレーションを創出するためのイベントの開催を行っています。

本協会は、新潟県をはじめとした自治体や教育機関、県内経済界と幅広く連携し、新潟県経済の発展に大きく貢献することを目指していきます。

若泉 大輔（株式会社CEspace・代表取締役社長）

〔主な事業内容〕コミュニティ型賃貸「テックレジデンス」およびワーケーション事業「テクレジベース」

私は、TECH人材が「働く環境」と「過ごす時間」を豊かにするため、CEspaceを起業しました。テックレジデンスの原点は東京の表参道です。表参道からスタートし、恵比寿・目黒・

二子玉川・芝公園と、いわゆる都内でも超一等地にテックレジデンスという住まいはあります。

なぜ、ＴＥＣＨ領域の住まいを作ったのか。それは、ＡｐｐｌｅやＦａｃｅｂｏｏｋなど、世界を変えるようなサービスの原点には「コミュニティ」と「ワクワク」の共存がある、と考えたからです。ずいぶん前から現在に至るまで「日本ではＩＴ人材が不足している」という課題が叫ばれています。ここで言われている「不足しているＩＴ人材」のイメージとは、まず「質」ありきの「量」の話です。単なるＩＴ人材の「人数」が少ないといった問題ではなく、優秀な人材を多く生み出すことが課題となっています。

人が成長する上で「環境」は最重要事項だと思います。もし、「一人」でも「会社組織」でもないようなワクワクが共有できる「コミュニティ」があれば、世界に羽ばたくサービスやプロダクトが生まれる礎となるかもしれません。私のそうした想いから、テックレジデンスは生まれました。テックレジデンスは「居住空間」です。その理由は、ビジネス視点のコミュニティではなく、飲み食いしながら・

CE space

若泉 大輔

映画を観ながら・音楽を聴きながら、といった何気ない普段の時間をともにするコミュニティだからこそ、ユーザー視点での「ワクワク」を共有できると考えたからです。

２０２０年、テックレジデンスは都内の超一等地から初めて、外へと飛び立ちました。東京から外へと展開したその第1号の行き先こそが、新潟だったのです。

新潟への展開を決めた理由は二つあります。一つめは「地の利」。新型コロナウイルスによって「リモートワーク」という言葉が一般化しましたが、ＩＴ領域ではすでにリモートワークという働き方が浸透していました。しかしそのようなＩＴ領域でさえも、他の業界と同様に「東京一極集中」という傾向が見られました。そのため、東京へ行き来する場面は多かれ少なかれあるだろうということ、そしてコミュニティにおける新陳代謝（人の入れ替わり）を高く保つことを考えると、「東京からのアクセスの良さ」というものが展開先の選定において重要なポイントでした。

二つめは「人」。新潟県は高校進学率、専修学校進学率のどちらに

テックレジデンスでは入居者同士の交流も盛んに行われている

テックレジデンス共用スペース

おいても、47都道府県のうち1位です。新潟県は「学び」に対して積極的であり、とりわけ専修学校のように自らの進む道を若いうちから意識していることが、魅力的に映りました。それから、新潟への展開にあたって相談に訪れた先の新潟県や新潟市の職員の皆さんの熱量や想いが、私の心を大きく動かしました。「地の利があるからこそ、逆に人が東京へ出てしまうのではないか」という課題意識のもと、「新潟をITの街に変えたい」という熱意をもち、即座に新潟のIT企業と何社もお引き合わせいただきました。新潟大学の伊藤先生とも、新潟県の職員の方がキッカケで出会うことができました。そうして行動されている方を何人も目の当たりにし、大きな可能性を感じました。新潟への展開後まもなく、2020年9月に「新潟ベンチャー協会（NVA）」が設立されるなど、大きな波を早速感じることができ、楽しみで仕方ありません。

遠山 功（INSIGHT LAB株式会社・代表取締役会長CEO）

〔主な事業内容〕データビジュアライゼーション、データアナリティクス、コンサルティングなど

私はINSIGHT LAB株式会社を東京で起業しただけでなく、世界のスタートアップ大国とされるイスラエルでも会社を設立しました。国民一人あたりの起業家数、ベンチャーキャピタル投資額が世界一の国で、中東のシリコンバレーとも呼ばれています。イスラエルは、民族的背景、歴

史的背景、地政学的にも課題が多く、それらの課題を解決すべく多くのスタートアップが生み出されています。文化、歴史から軍隊、産、官、学、投資家を中心としたエコシステムが、スタートアップネーションを支えています。特に重要なのが、そうしたスタートアップを生み出す仕組みの一つとしての「地域に根差したコミュニティ」です。

私の父は、新潟県村上市で生まれ育ちました。父の生まれ育った新潟の経済活性化に貢献したいという想いから、私は新潟にＩＮＳＩＧＨＴ ＬＡＢの拠点を設立しました。新潟におけるビジネスとしては、私が最も得意とするビッグデータを活かし、社会課題と向き合って本質を見極め、あらゆる分野でのＤＸ（digital transformation）化を達成することを目指しています。

私の入居するテクレジ（テックレジデンス）には、ＩＴを中心として、多くの地域の課題を解決しようとする意欲の高い仲間がいます。テクレジは恵比寿や二子玉川など日本に複数カ所あり、日本を代表するＩＴ企業に勤めている入居者もいます。年に数回行われる交流会では、多くの刺激を受けることができます。テクレジの

INSIGHT LAB

遠山 功

コミュニティでは、新潟だけではなく県内外問わず、さらにはＩＴに限らずあらゆる仲間と繋がることができます。広い視野をもつことで、地域特有の固定観念ではなく多様性を身につけることができます。テクレジの各拠点とはバーチャル空間を通じて繋がることができますし、新潟のテクレジでは居住空間だけでなく生活面においても仲間が近くにいますので、自己発展を無意識に行うことができると感じています。たとえば、ある入居者は22時には就寝し、朝５時に起床して、英会話からスタートしています。ある他の入居者は、週末はロードバイクで新潟県内を走り、それぞれの土地と触れ合っています。

経営コンサルタントの大前研一さんは、ビジネスにおいて人間が変わる方法は三つあると述べています。一つめは「時間配分を変える」こと、二つめは「住む場所を変える」こと、そして三つめは「付き合う人」を変えること。テクレジのコミュニティでは、まさにこの三つを体感することができます。それぞれの入居者の目指すビジョンは異なりますが、この居住空間から得られるコミュニティから自分自身の生活を見直し、優れたパフォーマンスを発揮できる状態を作り上げ、他人と互いに刺激を受け合いながら学びを進めることで、自己実現への道を着実に歩むことができると感じています。

中西　由貴（株式会社papapa marketing・代表取締役社長CEO）

〔主な事業内容〕Ｗｅｂマーケティングコンサルティング事業、Ｗｅｂコンテンツ制作・運用事業など私がｐａｐａｐａ ｍａｒｋｅｔｉｎｇを起業したのは、「世の中にはウェブコンテンツを企画・制作する企業も多いし、それを伸ばすコンサルティング会社も数多くあるが、手段を限定せずに最適解を取捨選択し、どのような方法に関しても対応することのできる企業は少ない」と考えたからです。「うちはウェブサイトのみを専門にしています」や「うちはＳＮＳに特化しています」ではなく、最新の手法まで含めて対応可能なオールラウンダーとして企業の問題解決ができる存在になりたかったため、起業をしました。

私の社会人人生の中から、テックレジデンスを省いてしまうと何も残らないのではないか?と思うほど、テックレジデンスは必要で重要な存在です。

ソフトウェア業界からウェブへ転身をしようとしていた２０１６年頃、私は両者の壁が厚いということを感じていました。それと同時に、当時は29歳で20代最後というタイミングでしたので、少しでも時間を無駄にしたくないと考えていました。そのような中、当時繋がりのあったウィルグループの方のＦａｃｅｂｏｏｋを通じて、テックレジデンスの存在を知りました。

papapa marketing

中西 由貴

当時、表参道にあったテックレジデンスの家賃は決して安くなく（当時は今ほどのコンセプト型のシェアハウスはなく、また入居にあたって面接があるような共同住居は珍しいものでした）、最後の1室として残っていた私の部屋の家賃は月額16万でした。しかし、Ｍｉｃｒｏｓｏｆｔなど大手ＩＴ企業のエンジニアから、メルカリやＳａｎＳａｎといった当時勢いを増していたスタートアップのエンジニアまで、多くの優秀な人たちがそこに住んでいました。私は「ここに入居して、24時間を最大限に使って皆の話を聴きながら、自分の道を決めていこう。納得のいく転職のための情報集めをしよう」と決意しました。

テックレジデンスに住み始めて1週間も経たないうちに、想像を超える刺激的な日々が訪れました。リビングでは、自然と皆が集まりストックオプションの話をしていたり、次に流行するＩＴサービスの話をしていたりと、「これまで私はなんて狭い世界にいたのだろう」と思うほど、めまぐるしいスピードで情報がシェアされ、皆がそれをすさまじいスピードでアウトプットしていました。

たとえば、このようなことがありました。テックレジデンスでは、共同生活ならではの大問題「お風呂に今誰か入っているのか?」を確かめるのが大変です。当時最も仲の良かった台湾人のエンジニアの女の子は、ドアにセンサーを取りつけ、誰かが入ったら（ドアを閉めたら）ＬＩＮＥにｂｏｔが飛んでくるというシステムを一晩で作り上げました。

自身のもっているスキルを、大げさなこと（たとえば、事業化やサービス化など）にせずとも、そのスキルを活用して日常の問題を解決しようとする姿勢に圧倒されました。テックレジデンスで学んだことは、技術力やスキルだけではありません。会話の中で「良い」と思ったことをすぐさま形にしてしまうという、アウトプット力も学びました。

私はテックレジデンスを通じて、「自分は何を実現したいのか」に基づいて、「自分がつけるべきスキルは何か」を考え、それを実現させていくというサイクルを回すようになりました。

私はもとから起業家精神が高かったわけではありません。そのような私が、起業という道を単に目指すようになっただけでなく、実現の手段としての起業を本格的に考えるようになったのも、日々壁打ちに付き合ってくれたテックレジデンスの仲間たちのおかげだと思います。

今は新潟のテックレジデンスの入居者でありながら、テックレジデンスの運営にも携わっています。新潟は、自分にとっては縁もゆかりもなかった土地ですが、可能性を感じる土地でもあり、東京とは大きく異なります。新潟という地方都市の良さを活かしたコミュニティづくりを行い、スタートアップの機運の醸成に貢献したいと考えています。

永瀬 俊彦（新潟ベンチャーキャピタル株式会社・代表取締役社長）

〔主な事業内容〕ベンチャー企業への投資・育成支援、経営コンサルティング、起業家育成事業など新潟ベンチャーキャピタルは「ベンチャー投資を通じて新潟の活性化に貢献する」をミッションに２０１０年3月設立されました。現在では二つのファンドを運営し、投資先として約30社（回収先も含む）を支援しています。当社は、地方ベンチャーキャピタルによくある銀行の関係会社ではなく、新潟の財界の方々を中心とした37社（人）の出資を受けた独立系ベンチャーキャピタルです。ベンチャー企業への支援を行うにあたって、こうした株主の方々の協力を受けられるという点に大きなメリットがあります。

新潟はよく「開業率が低い」とされますが、私は違った印象をもっています。まず新潟には、起業家がいないわけではなく、むしろ多いほうだと思います。しかし、新潟の起業家は新潟に留まらず、新潟の外へ出てしまう傾向にあります。ＩＰＯ企業数は38社（２０２０年現在）で、全国で見ると11番目と上位にあります。また首都圏にいる新潟出身の経営者のＩＰＯ企業を入れると、さらに多くなります。また、新潟にはエンジェル投資家となり得る資産家が多くいますし、起業の題材になり得るコンテンツが豊富（たとえば、食、観光、技術など）にあります。さらに言えば、新潟は人口が多い

新潟ベンチャーキャピタル
NIIGATA VENTURE CAPITAL

永瀬 俊彦

ため、ある程度のマーケットが形成されており、サービスや商品の市場投入が可能な地です。これらを踏まえると、私は新潟はむしろ起業に向いた地域なのではないかと考えています。

新潟におけるスタートアップエコシステムの構築・維持に必要な条件は、①起業家としての成功事例がつくられること、②起業家と身近に接する場があること、③ネットワークが形成されていること、という3点に集約されると思います。

まず、新潟には上場企業が多く存在すると同時に、成功した起業家が多く存在します。しかし、いずれもが創業からかなりの時間が経過しており、創業者を身近に感じることがなかなかできないのが現状です。さらには、ＩＴベンチャーなどの最新技術をもつ企業に絞ってみた場合、その数は決して多いとは言えないのもまた現状です。

当社におけるベンチャー投資でも、この点については意識してきました。実際、そうした意識のもとで、フラー株式会社、株式会社ドコドア、ｎｏｔｅ株式会社、株式会社ナイトレイといったＩＴ関連のベンチャー企業へ積極的に投資を行ってきました。いずれも、経営者が30代から40代と若く、ＩＰＯを目指して日々努力を重ねています。これから起業を目指す若者にとって、自分の学校の先輩であったり、年齢が近いことであったり、身近なサービスであったりするだけでも親近感が湧くのではないでしょうか。そうした「親近感」が「目標」に変わり、若者たちに「自分もチャレンジしたい」という気持ちが芽生えることを期待しています。

起業家が身近に存在すること自体が大きなメリットですが、そうした起業家に「直に接する場」が実際にあるということも非常に効果的であると思います。程度の差こそあれ、若い頃に誰かと話したことや、誰かに関して受けた印象などによって、多くの人々は自身の価値観や将来像を形成していきます。若い頃に影響を受ける代表例としては、スポーツ選手が挙げられます。大きな目標に向かって努力する姿、結果を出したときの感動などを通じて、多くの人々に影響を及ぼします。これと同じことが、若い起業家にも当てはまります。社会の矛盾を発見し、より良い社会を構築すべく努力する姿、壁にぶつかって悩んでいる姿、そして成功によって得た名声など、若い起業家たちは若い人々の心を揺さぶる確かな存在です。スタートアップエコシステムの構築・維持において、そうした等身大の起業家と直に接する機会は不可欠であると思います。

今後ますます、起業というものを将来の選択肢とする若者が増えてくると思いますが、それでも絶対数としてはかなり少数派です。若者が起業を志すときにまず感じるのは、孤独感だと思います。学生であれば、周りの友人の多くは勉学、部・サークル活動、アルバイトなどに勤しんでいるでしょう。そのような環境の中で、起業へのモチベーションを維持することは、並大抵のことではないと思います。しかしながら起業を志す若者は常に必ず存在し、その多くは学校の枠を越えたところにいます。スタートアップエコシステムの構築・維持においては、同じ考えをもつ者同士が連携することのできる環境が必要です。東京では学校数も多く、起業家志望の学生が繋がることのできる機会や場所は多くあります。新潟にもこうした環境が少しずつ整い始めており、これらの環境をどう活かすかがポイントになってくると思います。

もちろん、起業志望者同士のネットワークづくりは基本ですが、それだけでは不十分です。起業に関わるネットワークとして、たとえば次のものの重要性についても理解する必要があります。

- 年代の離れた起業家とのネットワーク（先輩経営者などからのアドバイスなどが期待できます）
- エンジェル投資家と呼ばれる資産家（資金面や人脈のサポートなどが期待できます）
- ベンチャーキャピタルや銀行などの金融機関（起業は会社法のルールに大きく影響を受けますが、会社が成長するにしたがって株や融資の知識が必要になります）
- 行政機関などの支援機関（補助金や優遇制度など、知っているかどうかで大きな影響があります）
- 県外、特に首都圏との関係（会社が大きくなるためには、大きなマーケットに商品やサービスを投入する力がなければなりません）

私は、新潟という地が挑戦することを是とする地域として広く認められ、チャレンジする若い方々が生まれ、そして集まってくることを強く望んでいます。

佐々木 淑貴（新潟県 産業労働部 創業・経営支援課）

私は「オール新潟」でのスタートアップエコシステムを構築するためには、経済界、教育機関、行政、金融機関などによる産学官金が連携して、起業家を育成・支援していく必要があると考えています。

これまでの新潟では、足並みが揃った取り組みができていない面もありました。しかし、何年にもわたって開業率が全国で低位であるという現状に加え、休廃業・解散する県内企業がここ最近増加しつつあるという現状への危機感から、さまざまな関係者が情報共有を行い、多様な横の繋がりをもち始めたと感じます。新潟のエコシステムが少しずつ好循環を伴うフェーズに入ってきたのではないでしょうか。

新潟のスタートアップエコシステムがまとまりを保つためのポイントは、まさに「人」だと思います。経済界、教育機関、行政、支援機関、金融機関など、各分野のキーパーソンが繋がりをもち、ま

佐々木 淑貴

とまっていくことで、スタートアップエコシステムは出現・成長し、自律回転していくのだと思います。

そう考えると、新潟県に縁をもち、県内外で活躍する若手経営者が集まった「新潟ベンチャー協会（ＮＶＡ：Niigata Venture Association）」が今年（２０２０年）の3月に立ち上げられたことは大きな意味をもちます。協会の理事は、次世代の県内経済界を支えていく方々です。この方々が協力し合い、その次の世代のスタートアップやベンチャーを支援していく礎ができたことは、本県のスタートアップエコシステムの明るい未来に繋がると思います。

他県や海外におけるスタートアップエコシステムの事例を調べて政策へ反映させることも重要ですが、その何十倍も何百倍も現場の声を直接聞き、関係者とのネットワークをつくることが重要です。私は、このネットワークの結節点となることこそが県の役割であると信じて動いています。

逸見 覚（株式会社スナップ新潟・代表取締役社長）

荒川 由晃（株式会社スナップ新潟）

〔主な事業内容〕起業家育成のためのオンラインコミュニティ「ＳＮ＠Ｐサロン」の運営、起業・創業支援を主な目的とした施設「ＳＮ＠Ｐ」の管理運営など

当社は起業家の育成・支援を目的として、2019年9月に設立されました。事業としては、①SN@Pの施設運営、および②オンラインのSN@Pサロンの運営を展開しています。前者は起業に関わるオフライン空間の運営、後者はオンライン空間の運営です。

新潟県の民間スタートアップ中核拠点である「SN@P（Startup Niigata @ PLAKA）」は、100名程度が収容可能で、オンライン配信機能も備えた空間です。当社の起業支援に関するセミナーやイベントを行うだけでなく、関係者によるセミナーやイベントも開催されています。

一方、起業家支援オンラインサロン「SN@Pサロン」では、Slackを活用して起業志望者と支援者、支援企業、先輩起業家による交流が日々行われています。起業志望者はサロン内で自らのアイデアや事業プランを書き込みます。これに対して、起業志望者を応援したい支援者、支援企業、先輩起業家は、その内容を確認し、各々の状況に応じてアドバイスなどを行います。SN@Pサロンの最大の特徴は「SN@Pコイン」にあります。支援パートナーは1

メンタリング

基本となるオンラインでのメンタリングだけでなく、オフラインでも事業相談に乗っている

荒川 由晃

逸見 覚

口月額3万円で200コインを付与する権利を保有することができ、応援したい起業家志望者に対してコインを付与していきます。コインの付与にあたっては「いいね！」のようなスタンプを押す方式であるため、起業志望者たちからすると、どのようなアイデアやアクションが評価されるのかが一目瞭然です。このコインは、図書カードや先輩起業家との会食券、勉強会参加券など、起業に必要なモノやサービスと交換することができ、起業志望者にとっては一種のインセンティブとなります。またサロン内では、仲間探しや先輩起業家への悩みの相談も行うことができ、起業志望者が一人ではなくコミュニティ全体で前に進むという「起業を諦めない環境づくり」にも繋がっています。

新潟県内には、さまざまな支援機関が170近く存在しています。その中でもスナップ新潟は、新潟県と同様に「高成長企業（3年から5年後には売り上げ10億円を超えるスタートアップ企業の創出」を目指しています。新潟大学伊藤研究室内「ベンチャリング・ラボ」などにおいて、起業に関わる考え方や知識の習得をした人材による事業アイデアに対して、それらを「高成長事業」へと変化させるために、成功を収めた先輩起業家やパートナー法人による事業相談（メンタリング）にも注力しています。そこから輩出された企業がベンチャーキャピタルなどから大きな融資を受けられるまでの支援を行っていくということが、当社の役割です。

スナップ新潟から生まれた企業が将来的にはパートナー法人となり、今度は後輩となる起業志望者を支援する側となってコインの付与やアドバイスを行うような「継続的なコミュニティ形成」を目指したいと考えています。

土田 裕之（公益財団法人にいがた産業創造機構（NICO）産業創造グループ・サブディレクター）

にいがた産業創造機構（NICO）では、起業前だけでなく起業後に関しても広く相談に応じており、起業家の方々の成長段階に合った各種支援メニューを用意しています。

「NICOスタートアップカフェ」では、起業サポートコンシェルジュを配置して相談に対応しています。起業家の方々のさまざまな悩みや疑問について、起業に向けた準備段階でのサポートを行っています。NICOスタートアップ「カフェ」という名称ですが、空間があるわけではなく、「お気軽にご相談ください」というイメージを表現している「活動」です。主にメールなどによる相談対応を行っています。

また、これから起業を目指す方や創業3年以内の起業者を対象として、「創業準備オフィス」を提供しています。創業準備オフィスで

土田 裕之

は低価格でオフィススペースを提供し、起業に向けた準備や起業後の事業の定着へ向けて、起業サポートコンシェルジュによるアドバイスや情報提供などを通じた成長のサポートを行っています。

２０１９年からは、県内４カ所に民間スタートアップ拠点を設置・認定し、起業家の掘り起こしや、各拠点のメンターによる各種相談対応や事業計画などへのアドバイスを行う体制をスタートさせました。これは、民間のノウハウやネットワークを活用して県内の起業を活性化しようという取り組みで、２０２０年には８拠点の設置を目指しています。

ＮＩＣＯにおける資金的な支援は、「幅広い起業を促進するもの」と「高成長に繋がる起業・第二創業を支援するもの」に分かれます。前者としては、身近なビジネスから県内への経済効果がある程度見込まれる起業を対象とした「起業チャレンジ応援事業」と、新潟県へのＵ・Ｉターンを促進する「Ｕ・Ｉターン創業応援事業」が挙げられます。後者に関しては、先進的な技術や革新的なビジネスモデルによる起業を対象とした「ベンチャー企業創出支援事業」を用意しています。

いずれの支援策もこれから起業する方へ向けたものですが、起業後の成長段階においても当然さまざまな課題が発生します。ＮＩＣＯでは起業前から起業後まで、起業サポートコンシェルジュを中心に伴走型で一貫したサポートを行っています。

春川 英広（公益財団法人新潟市産業振興財団・事業統括プロジェクトマネージャー）

当財団は、新潟市産業政策課に事務局を置く公益財団法人（通称：新潟ＩＰＣ財団）で、新潟市内の中小企業支援を行っています。業務領域としては、にいがたＢＩＺ ＥＸＰＯをはじめとする見本市や商談会の開催、航空機産業クラスターが入居する共同工場の運営など多岐にわたります。２０１０年には、新潟市内中心部に位置する複合テナントビル「ＮＥＸＴ21」内に「ＩＰＣビジネス支援センター」を開設し、経営相談やセミナーも開催しています。

　とりわけ「経営相談」の利用ニーズは高く、毎年１６００件から１７００件ほどの相談に対応しています。このうちおよそ半数にあたる約８００件から８５０件が「起業」に関する相談です。最近では、ＺｏｏｍやＴｅａｍｓを利用したオンライン相談もスタートし、「Ｕ・Ｉターン起業」を目指す遠隔地の方々へも対応しています。また、お勤めしながら起業を検討したい方々のニーズに対応すべく、２０１９年度より週１日の「夜間相談窓口」も開設し、毎回予約枠が埋まる状況が続いています。

春川 英広

起業相談の傾向としては、「飲食業・理美容業などのサービス業・小売業」が多く、全体のおよそ6割を占めています。これらの多くは個人事業として営まれる「スモールビジネス」です。規模の拡大を志向するスタートアップベンチャーとは異なる領域ですが、当財団では「所得向上」「地域活性化」「理想のライフスタイル実現」などに寄与する非常に重要な経済活動であると捉えており、全力で支援しています。相談内容としては、開業時の「事業計画策定」や「資金調達」などに関するものが多く、新潟市が運営する「特定創業支援ネットワーク」を活用し、地域の金融機関、商工会議所、商工会などとも連携しながら支援にあたっています。

新潟の行政などによる起業支援の状況を見渡すと、補助金や制度融資など、起業を決意した方々が事業を立ち上げる「出口支援」が充実しています。その一方で、起業に興味があるものの「迷っている」という方々の機運を高める「入り口支援」については、出口支援と比べるとやや弱い傾向にあります。このような課題意識から、２０１９年に「にいがた未来想像部」という事業を立ち上げ、ロールモデルとの出会いの場や、ビジネスアイデアをアウトプットする場の提供を開始しました。具体的には、先輩起業家をゲストに招いたトークイベント、アイデアソンなどを開催していました。現在は、新型コロナウイルス感染症の拡大により、オンラインイベントのみの開催になっていますが、学生、社会人、シニアなど幅広い起業家予備軍の方々が参加しています。

また、これらとは少し視点が異なるものの、当財団では「新事業ブーストアップ補助金」を軸としたプロジェクトにおいて「中小企業の新事業創出」や「社内起業家」の支援にも力を入れています。新潟県は全国的に見ても長寿企業が多いと言われており、企業内には長い時間をかけて培ってきたノウハウやネットワークが蓄積されています。これらの貴重なリソースを活用しながら、チャレンジングな事業展開に挑む「社内起業人材」の輩出を後押しすることは、中小企業のさらなる成長と、そこで働く起業家予備軍のビジョンの実現を両立させることに繋がると考えています。

なお令和2年度からは、新潟市産業政策課が中心となり、フードテックおよびアグリテックの領域において、企業同士の協業などによる事業創出支援を開始しました。当財団もこの動きと協調しながら「起業」や「社内起業」を支援することで、食や農業に強みをもつ新潟市ならではのエコシステムづくりに結びつけていきたいと考えています。

西村　治久（Ｓｔａｒｔｕｐ　Ｗｅｅｋｅｎｄ　Ｎｉｉｇａｔａ・代表&発起人）

〔ウェブサイト〕https://swniigata.doorkeeper.jp/

スタートアップ・ウィークエンドは、世界規模の人的ネットワークを有する起業家コミュニティです。世界の１３００以上の地域で、約35万人が活動しています。世界的なスタートアップ支援組織である「Ｔｅｃｈｓｔａｒｓ」が、スタートアップ・ウィークエンドの総本部です。日本ではＮ

ＰＯ法人が運営母体となっています。
活動目的は、一人でも多くの起業家を生み、世界を変えていくことです。数あるスタートアップ支援組織やビジネスプランコンテストでは、新しい商品やサービスを生むことに重点が置かれていますが、スタートアップ・ウィークエンドでは誰もが起業家として第一歩を踏み出すことに注力しています。スタートアップ・ウィークエンドの特徴は、仲間と学びが得られる機会が継続的に生み出され、世界中のメンバー同士による日常的なコミュニティ活動が行われているところにあります。

主な活動は、金曜日から日曜日までの3日間にわたって開催される起業体験イベントです。アイデアの発表から始まり、チームを組み、アイデアを形にするための方法論を学びながら顧客の利用体験に沿った必要最小限のビジネスモデルを3日間で一気に作り上げます。毎週のように国内・海外でイベントが開催されており、年に1、2回の世界同時開催の際には70カ国以上からの参加者が集います。

新潟県内では、２０１３年から活動を開始しました。２０２０年までの7年間で20回のイベント

西村 治久

を開催し、参加者として小学生から定年退職者まで多様なメンバーが500名以上います。多くの成果が生まれ、たとえば中山間地域の魅力をツアー化する旅行会社、限界集落に8000人以上を呼び込んだ古民家再生プロジェクト、官民協働による自治体職員養成プログラム、温泉郷に湧き出す1200万年前の海水から安心・安全な食塩を作る事業、有名IT企業主催のビジネスプランコンテストで全国3位に輝いたスマートフォン用アプリなどがあります。

スタートアップ・ウィークエンドの新潟県コミュニティの特徴は、県全体での協調性にあります。他県では市町村ごとにコミュニティを形成することが多い一方で、新潟県の場合には全体で一つのコミュニティが形成されており、イベント開催時には地元メンバーが中心となって他の県内メンバーたちと協働しています。その結果、県全域にわたってイベントが次々と開催されることとなり、社会人のサポートによって学生主体のイベントが企画されることにも繋がっています。

野村證券 新潟支店「新潟イノベーションプログラム（NIP：Niigata Innovation Program）」

新潟イノベーションプログラム（NIP）は、新潟の次世代経営者やクリエーターが集い、地域に新事業の種を生み出す地方創生プログラムです。

本プログラムは2018年、野村證券新潟支店と野村総合研究所2030年研究室が主催する形でスタートしました。本プログラムは、野村総合研究所が取り組んできた「革新者プロジェクト」をもとにしています。革新者プロジェクトは、従来のモデルとは異なる切り口から新しい価値を創り出した革新的経営者100人をネットワーク化する活動です。この「革新者プロジェクト」に基づくNIPは、全国の革新者をカタリスト（触媒役・刺激源）として、新潟から新たな革新的ビジネスの種を創る（0→1）プログラムです。また、単なるワークショップやビジネスコンテストの開催ではなく、地域における潜在的な起業家の顕在化とそのコミュニティ化や、地域における創造支援の体制づくりなどを踏まえて、地域の創業文化を醸成することを目指しています。

プログラムの参加者は、新潟経済を担う地元の「次世代経営者」、新潟にゆかりのある「クリエーター」、「メディア」、「次世代チャレンジャー（大学生・高専生など）」などであり、合計およそ40名が毎年の開催において集います。

本プログラムは約5カ月間にわたって実施され、野村総合研究所の専門チームがさまざまなアクティビティや個人・グループでのワークを提供しながら、参加者の自己理解やチーム形成、事業モデルの構築などについて支援を行います。加えて、株式会社スノーピークの会長である山井太氏が、スペシャルアドバイザーとして各チームの事業構想に向けて熱のこもったフィードバックを与える場も設定されています。

NIPではこのようなプロセスを通じて、地域の魅力から新たなビジネスの種を構想した上で、実際の事業をつくり上げていくことを見通した「稼働するビジネス」の創造を目指しています。

あとがき

まえがきでも触れたように、筆者は「新潟において優れたスタートアップエコシステムが出現し持続するために、研究・教育を行う立場として何をすべきか」ということを考えながら、さまざまな活動を展開してきました。

最初は小規模にスタートしましたが、活動が次第に大きくなるにつれて多くの方々と知り合い、新潟の各所でさまざまなアントレプレナーシップ関連の独自の動きがあることに気づきました。それと同時に、こうした県内各所の独自の動きが有機的に繋がっているわけではないことにも気づきました。

新潟の随所に、起業意欲をもつ人々（たとえば学生や企業人）が点在しています。一方で、新潟にゆかりのある支援者や成功した起業家たちは、新潟のエコシステムづくりに貢献したいという想いをもっています。以前からある新潟の既存企業においても、イノベーションや社内起業、外部とのコラボレーションなどに目を向けつつあります。そうした企業では、近年では経営者が次世代に替わり、さらなる革新的な動きに向かおうともしています。地方自治体の方々も、新潟の起業・創業環境をより良くしようと日々工夫を凝らしています。

本書『にいがたアントレプレナー学』は、そうした個々の取り組みが自律性を損なうことなく繋がりを形成し、ひいてはスタートアップエコシステムの出現と維持へと結実するための「共通の思考の土台」を提供することを目的として書かれました。本書が「新潟のスタートアップエコシステム」づくりにおいて一筋の光を与える「サーチライト」となることを期待しています。

【謝辞】

本書の執筆は、筆者一人の力で成し遂げたものではありません。数多くの方々からご支援をいただきました。本書の中の「にいがたのアントレプレナーたち」および「にいがたのスタートアップ環境」の執筆においては、短期間でのお願いにもかかわらず、起業家や支援者の方々がインタビューに快く応じてくださいました。ご協力いただいた皆様に心より感謝申し上げます。

本書執筆のきっかけは、ひらせいホームセンターの戦略会議において、新潟日報事業社の河村正明氏と出会ったことでした。河村氏は本書出版の機会を与えてくださいました。新潟日報事業社の羽鳥歩氏は企画段階において、佐藤大輔氏は編集・校正段階においてそれぞれ、本書完成まで忍耐強く道案内してくださいました。この場を借りて深くお礼申し上げます。また、戦略会議の場で伊藤研究室の取り組みを発表する機会を与えてくださった、ひらせいホームセンターの清水泰明社長および清水泰成副社長（ひらせいファーム代表取締役）にも深く感謝いたします。

それから、筆者の経営学に対する関心を導いてくださった恩師の坂野友昭先生（早稲田大学）、在外研究時からマーケティングやアントレプレナーシップに関わる研究・教育面での優れたメンターとなってくださっているKenneth Gehrt先生、Michael Merz先生、Miwa Merz先生（米国・サンノゼ州立大学）、そして筆者が初めて単独で緊張しながら国際学会に参加したときに温かく迎え入れてくださり、現在に至るまで助言を与えてくださっているWali Mondal先生（米国・ナショナル大学）には、感謝してもしきれません。

第4章の執筆にあたっては、伊藤研究室の学生たちが文献整理をサポートしてくれました。伊藤ゼミ生の五十嵐太一さん、石原楓子さん、遠藤らなさん、小澤公弥さん、河井愛未さん、久保ほのかさん、後藤優衣さん、今野元稀さん、佐藤祥さん、清水花さん、田邉和香さん、永井佑磨さん、中津川華澄さん、半沢知也さん、藤田拓未さん、伏谷昇馬さん、村山柚歌さん、伊藤研究室の大学院修了生の佐藤友紀さん、ありがとうございました。

他にも、筆者のアントレプレナーシップに関連する教育活動や社会連携活動を通じて繋がることのできた国内外の多くの方々からも、数々の重要な気づきや学びをいただきました。ここで一人一人の名前を挙げることができませんが、この場を借りて深い謝意をささげます。

2021年2月　新潟大学五十嵐キャンパスの研究室にて

伊藤　龍史

著者プロフィール

伊藤 龍史（いとう・りょうじ）
新潟大学 経済科学部 准教授

１９８０年福岡市生まれ。福岡県立修猷館高校卒業、早稲田大学卒業後、早稲田大学大学院商学研究科修士課程・博士後期課程、早稲田大学産業経営研究所助手を経て、２００９年新潟大学経済学部・大学院現代社会文化研究科講師。14年同准教授。20年、改組に伴い経済科学部准教授。サンノゼ州立大学（カリフォルニア州立大学サンノゼ校）ビジネススクール（マーケティング・意思決定科学領域）客員研究員（12年から13年）、ソウル科学技術大学招聘副教授（14年）など。

専門分野は、アントレプレナー的経営戦略論（Entrepreneurial Strategy）、アントレプレナー的マーケティング論（Entrepreneurial Marketing）、およびアントレプレナーシップ論（Entrepreneurship）。距離や知識境界をまたいだ「Entrepreneurial Search（アントレプレナー的サーチ行動）」の研究に関心をもっている。

２０１８年、国際学会「ASBBS（American Society of Business and Behavioral Sciences）」において、単著論文「An exploratory study for detecting the typologies of offshoring strategy」が学会賞「Best Paper Award」を受賞。また２０２０年、国際学会「ASBBS」において、国際共同研究論文「The constituents of Japanese customer sentiment toward offshored call service centers: An exploratory study」が学会賞「Best Paper Award」を受賞。２０２０年、新潟大学学長賞（若手教員研究奨励）受賞。

新潟ベンチャー協会（ＮＶＡ）アドバイザー、にいがた産業創造機構（ＮＩＣＯ）理事、新潟雇用労働相談センター（ＮＩＫＯＲＯ）運営協議会委員、新潟ベンチャーキャピタル アカデミック・アドバイザー。

新潟大学経済科学部の「伊藤ゼミ」において、アントレプレナーシップ教育および企業コラボレーションを実施し、起業家の輩出、マーケッターや戦略家の育成、コラボ提案の実現を通じた企業の活性化などを目指している。伊藤研究室では、新潟のスタートアップエコシステムの震源地となるべく、多様な学生などが活動することのできる「ベンチャリング・ラボ」も運営中。

にいがたアントレプレナー学《がく》

2021（令和３）年３月16日　初版第１刷発行

著　　者／伊藤 龍史
発 行 者／渡辺英美子
発 行 所／新潟日報事業社
〒950-8546
新潟市中央区万代３丁目１番１号　メディアシップ14階
TEL 025-383-8020　FAX 025-383-8028
http://www.nnj-net.co.jp
印刷・製本／株式会社 第一印刷所

本書のコピー、スキャン、デジタル化等の無断複製は著作権上での例外を除き禁じられています。本書を代行業者等の第三者に依頼してスキャンやデジタル化することは、たとえ個人や家庭内での利用であっても著作権上認められておりません。

©Ryoji Ito 2021, Printed in Japan
定価はカバーに表示してあります。
落丁・乱丁本は送料小社負担にてお取り替えいたします。
ISBN978-4-86132-769-8